교사,
공교육을
**멈춰
세우다**

전국교사집회 연대의 기록

교사, 공교육을 멈춰 세우다

전국교직원노동조합 지음

단비

차례

발간사 박영환 전국교직원노동조합 위원장 | 006
축사 김영호 국회 교육위원장 | 008
　　전희영 전 전국교직원노동조합 위원장 | 009
　　강민정 전 국회의원 | 010
　　김현수 명지병원 정신건강의학과 교수·성장학교 별 교장 | 011

프롤로그 | 012

1장 9.4 공교육 멈춤의 날 | 016

'9.4 공교육 멈춤의 날' 개괄 | 018
학교 상황과 대응 | 040
공교육 멈춤의 날 지역 집회 상황 | 060
공교육 멈춤의 날 집회를 만든 사람들 | 079

2장 검은 점의 연대 | 094

전국교사집회 개괄 | 096
〈교육희망〉이 기록한 전국교사집회 | 098
전국교사집회 문화와 양상 | 137
집회를 움직인 사람들 | 145
　– 사회자: 교사집회의 중심
　– 진행팀: 초행길 운전자를 위한 내비게이션
　– 안전팀: 집회의 안전 울타리
　– 재정팀: 든든한 투명 주머니
　– 버스팀: '검은 점'을 묶는 연결 고리
　– 언론홍보팀: 집회 안과 밖을 잇는 연결 고리

서이초 교사 순직 1주기에 전국교사집회를 돌아보다　|172
　　- 순직교사 1주기, 전국교사집회를 말하다
　　- 전국교사집회 속 전교조 사람들
　　- 칼럼
　　- 만화

3장 교사, 왜 광장에 섰나　|218

　　교사가 광장으로 나온 이유　|220
　　4인 좌담회　|231

4장 멈춤 후 새로운 출발　|250

　　연대와 희망의 길　|252
　　전국교사집회가 바꿔 낸 것들: 성과　|254
　　전국교사집회, 그럼에도 불구하고: 한계　|262
　　전국교사집회가 남긴 과제　|265
　　꿈꿔 보는 미래　|288

에필로그　|298

발간사

멈췄던 걸음이 공교육의 새로운 길을 열어 가는 출발이 되기를

박영환 전국교직원노동조합 위원장

2023년 7월, 한 초등학교 교사의 죽음은 우리 사회에 큰 충격을 던졌습니다. 서울 서이초등학교에서, 한 교사가 교실에서 생을 마감했습니다. 오랫동안 교권 침해와 악성 민원에 시달리며 누구의 보호도 받지 못한 채 홀로 버텨야 했던 교사의 죽음은, 단지 한 개인의 비극이 아니었습니다. 이 땅의 수많은 교사가 눈물을 삼키며 버텨 온 현실이었습니다.

더 이상 동료를 잃을 수 없다는 절박함과 '나는 운이 좋아 살아남았다'는 미안함이 교사들의 마음을 움직였고, 전국의 교사들은 검은 옷을 입고 거리로 나섰습니다. 추모를 넘어 자신의 삶과 교육을 바꾸기 위한 위대한 걸음의 시작이었습니다.

9월 4일 공교육 멈춤의 날, 우리는 멈추었습니다. 교사들이 수업을 멈추고, 학교를 멈추고, 공교육을 멈춰 세웠습니다. 연가와 병가, 조퇴라는 정당한 권리를 행사하는 것조차 협박과 징계로 가로막으려 했던 교육 당국의 탄압 앞에서도 교사들은 물러서지 않았습니다. 국회 앞 도로는 검은 옷을 입은 5만여 교사로 가득 찼고, 전국 13개 지역에서는 7만여 명이 동시에 집회에 참여했습니다. 그 누구에게도 보호받지 못했던 교사들은 서로가 서로를 지켜 주었고 '우리'의 힘을, '연대'의 힘을 오롯이 느꼈습니다.

이 책은 그날들의 기록입니다. 한 교사의 죽음을 계기로 시작된 추모의 물결이 어떻게 전국적인 투쟁으로 이어졌는지 그리고 그 속에서 교사들이 어떤 두려움과 책임, 연대와 희망을 마주했는지를 생생히 담고자 했습니다. 이것은 누군가의 일이 아니라, 곧 '나의 일'이었던 교사들의 이야기입니다.

"교사는 가르치고 싶다. 학생은 배우고 싶다."

우리는 기억합니다. 그리고 다짐합니다. 다시는 그 어떤 교사도 고통 속에 홀로 남겨지지 않도록, 모두가 안전하고 존중받는 학교를 만들기 위해 끝까지 싸울 것입니다.

《교사, 공교육을 멈춰 세우다》는 그런 우리의 다짐이자 선언입니다. 오늘 우리가 멈췄던 이 걸음이, 공교육의 새로운 길을 열어 가는 출발이 되기를 바랍니다. 그리고 이 책이 뜨거운 여름을 함께했던 '우리'들의 역사이자, 국민에게 '우리'가 함께 지켜 낸 이 순간을 전하는 증언이 되기를 바랍니다.

축사

김영호 국회 교육위원장 · 서울 서대문을 국회의원

《교사, 공교육을 멈춰 세우다》의 발간을 진심으로 축하드립니다. 이 책은 선생님들의 생생한 증언이자, 공교육의 위기를 마주한 우리 모두가 반드시 성찰해야 할 사회적 기록입니다.

서이초 선생님의 가슴 아픈 사건을 시작으로, 교육 현장에서 잇따라 발생한 비극은 교권 회복과 공교육 정상화의 절박함을 우리 사회에 일깨워 주었습니다. 당시 국회는 선생님들의 눈물을 마주하며 무거운 책임감으로 교권 5법을 마련하는 등 법과 제도 개선에 나섰지만, 여전히 선생님들의 무거운 짐을 온전히 덜기에는 부족한 점이 많은 것 같습니다.

이제는 제대로 바꿔야 합니다. 교육 현장에서 법과 제도가 실제로 작동하고, 선생님들이 자긍심을 가지며 교육하는 환경을 만들어 가는 것이야말로 우리가 함께 만들어 가야 할 '진짜 교육공동체'입니다.

그런 의미에서 이 책이 우리 사회에 더 큰 울림을 전하고, 다시는 어떤 교사도 교실에서 외롭게 쓰러지는 일이 없도록 교육 현장의 실질적인 변화를 이끌어 내기를 바랍니다. 저 역시 국회 교육위원장으로서 끝까지 책임 있는 자세로 공교육 정상화와 교권 회복을 위한 입법과 정책 보완에 앞장서겠습니다. 뜻깊은 책을 펴 주신 전국교직원노동조합을 비롯한 관계자 여러분께 깊은 감사의 말씀을 전하며, 이 기록이 더 나은 교권을 여는 초석이 되기를 기원합니다.

전희영 전 전국교직원노동조합 위원장

눈물 속에 서이초 선생님을 보내며, 78만의 교사들이 대한민국 교육사를 새로 썼습니다. 단체행동권이 없는 교사들이 교육부의 파면·해임 징계라는 겁박에도 결코 굴하지 않는 결기를 보이며 한마음으로 한 점을 찍어 공교육 멈춤을 실현해 내었습니다.

그렇지만 여전히 많은 과제가 남았습니다. 정부의 교권보호 대책과 국회의 교권보호 입법도, 죽음의 입시 경쟁과 학벌 중심인 대한민국 교육 체제의 근본적인 변화가 있어야 비로소 실질적인 변화로 이어질 것입니다. 또한 정치·노동기본권 없는 교사의 처지가 변하지 않는다면 교사들은 무한책임 속에서 외롭게 홀로 싸울 수밖에 없습니다.

하지만 이제 대한민국 교사는 이전의 교사가 아닙니다. 교실에서 숨죽여 지내던 교사들이 직접 행동에 나서고 있습니다. 그동안 어렵게만 보였던 국회나 교육 당국, 학교 관리자들이 이제는 더 이상 두렵지 않습니다. 단결해 투쟁하면 그 어떠한 것보다 강력한 힘을 가진다는 것을 알기 때문입니다.

교사들의 투쟁은 여전히 현재 진행형입니다. 교사들의 생존권, 교육권을 보장하고 공교육을 정상화하기 위한 우리의 투쟁은 이어질 것입니다. 2023년 그 뜨거웠던 투쟁의 기록을 담은 이 책이 공교육 정상화를 향한 길잡이가 되기를 소망합니다.

축사

강민정 전 국회의원

멈춤은 새로운 시작을 위한 의지적 결단입니다. 2023년 가을 연인원 80만에 가까운 교사들이 공교육 멈춤의 결단을 내렸습니다. 대한민국 교육이 더 이상 앞으로 나아갈 수 없다는, 그래서 새롭게 시작하지 않으면 안 된다는 선언이었습니다. 하나하나에 불과했던 검은 점들이 모여 거대한 파도를 만들자, 오랫동안 일부 교육계 안에 갇혀 있던 문제들에 정치권과 전 국민이 귀를 열기 시작했습니다. '멈춤'의 경고는 강력했으나 여전히 난마처럼 얽혀 있는 문제들은 그 해법에 도달하지 못했습니다. 그럼에도 공교육 멈춤은 교육 제1주체인 교사들이 자신의 목소리와 스스로의 행동을 되찾는 계기가 되었습니다.

  교육이 입시 준비와 등치되고, 진로가 입시와 동의어가 되는 현실에서 성장의 기쁨을 누리는 교육 본래의 자리는 송곳만큼 좁아져 있습니다. 수요자와 공급자라는 개념으로 교육에 들어온 시장 논리는 교사들에게 교육자로서의 정체성을 부정할 것을 강요하고 있습니다. 그 한가운데서 일어난 것이 서이초 사건입니다. 교사들은 더 이상 이런 교육을 용인하지 않겠다는 결기로 일어섰습니다. 전국교직원노동조합이 이 역사적인 교사들의 결단을 모아 냈습니다. 고맙고 소중한 일입니다. 교사는 물론 전 국민에게 성찰과 새로운 '시작'의 계기가 될 것입니다.

김현수 명지병원 정신건강의학과 교수 · 성장학교 별 교장

2023년 서이초 교사의 죽음과 그 이후의 과정을 되새기는 일은 모두에게 아주 중요한 일입니다. 이 사건은 한 젊은 교사가 민원에 떠밀려 억울하게 생을 달리한 사건이 아니라 한국 교육의 온갖 모순이 얽혀 일어난 사건입니다. 이 죽음과 관련된 학교 현장의 본질을 바로 보는 것이 중요합니다. 이제 학교는 교사 개인의 헌신이나 몇몇 교사의 협력으로 문제를 감당할 수 없는 지경에 이르렀고, 제도 개혁과 의식 변화까지 요구받게 되었다는 것이 이 사건으로 더 명백해졌습니다. 또한 그 모순의 한복판에서 교사들이 어떻게 낭떠러지로 몰리는지도 잘 알게 되었습니다.

하지만 불행하게도 교육 현장의 아픔과 불가능성은 계속 이어지고 있습니다. 다시금 우리가 공교육 멈춤의 날에 이뤘던 거대한 연결과 공명의 정신을 상기하고, 죽은 과거가 아니라 살아 있는 현실이 되도록 노력해야 합니다. 이 책이 바로 그런 새로운 도약의 공감대와 방향성을 제시하는 중요한 주춧돌이 되리라 생각합니다.

우리는 잘 정돈된 기록에 기초해서 새로운 영감과 희망을 만들어 내고 제도화하여 새로운 도약을 만들어 가야 합니다. 이 책이 추억만이 아니라 연대를 만들고 기억 속의 사랑과 우정을 더 굳건하게 해 주리라 믿습니다. 많은 현장의 이야기를 담아 연결해 준 전국교직원노동조합의 모든 분께 감사드립니다. 모두의 책이 되기를 바랍니다.

프롤로그

교사, 공교육을 멈춰 세우다

2023년 9월 4일, 우리는 여느 때처럼 검은 옷을 입고 함께 버스에 올라 서울로 향했다. 서이초 교사의 죽음 이후 매주 모였던 교사집회로 향하는 길이었지만, 여느 때와 사뭇 다른 긴장감이 맴돌았다. 이날은 대한민국 교육 역사상 처음으로 '공교육 멈춤의 날'로 선언된 날이기 때문이다. 바로 전날, 교육부 장관은 전국 교사들에게 파면과 해임을 언급하며 겁박을 하였기에 집회 참가자들의 긴장감은 더욱 높았다.

버스 안에서 마주한 동료 교사들의 눈빛에는 결연함과 슬픔이 교차했다. 교직 생활 중 처음으로 거리로 나선 교사도 있었고, 이전부터 교육의 변화를 꿈꾸던 교사도 있었다. 서로의 사연을 나누며 눈물을 흘리기도 했다. 우리는 단순히 서이초 교사의 죽음을 추모하러 가는 것이 아니었다. 그 죽음이 헛되지 않도록 그리고 더 이상의 희생자가 나오지 않도록 목소리를 내기 위해 가고 있었다.

교실에서 생을 마감한 교사

2023년 7월 18일 새벽, 서울 서초구 서이초등학교의 한 교사가 학교에서 스스로 생을 마감했다. 사건이 알려지자, 해당 교사가 잦은 악성 민원에 시달렸으며 어떠한 지원도 받지 못한 채 홀로 세상을 떠났다는 증언이 쏟아졌다. 포털 사이트와 뉴스 헤드라인은 온통 서이초 교사 사망 사건으로 뒤덮였고, 전국 각지에서 보내온 근조 화환이 서이초 정문을 가득 메웠다.

이후 교권침해와 업무 과중으로 발생한 교사 사망 사건들이 잇따라 드러났다. 악성 민원에 시달렸던 의정부 호원초 교사 사망 사건, '공교육 멈춤의 날'을 앞두고 알려진 서울 신목초와 전북 군산 무녀도초 교사의 죽음 그리고 대전 관평초(관평초에서 교권침해 발생, 이후 용산초 근무 중 사망) 교사의 죽음까지. 모든 사건 속에서 공통으로 드러난 것은 민원인의 도 넘은 악성 민원, 학교의 무책임한 대응, 경찰의 미온적인 수사 그리고 교육 당국의 방관이었다. 모든 국가 기관으로부터 배신당한 교사들에게 남은 선택지는 스스로 일어나 싸우는 것밖에 없었다.

버스 5,000대와 78만 명의 교사

누적 5,000대의 전세 버스와 교사 78만 명. 11차 동안 전국교사집회 참가자를 태운 버스의 수와 참가자 인원이다. 서이초 교사의 사망으로 촉발된 교사들의 분노는 대규모 교사집회와 공교육 멈춤 선언을 불러왔고, 교육부의 징계 협박을 꺾으며 끝내 대규모 집회를 성사시켰다.

시간이 흐를수록 교사들은 단순한 애도가 아니라 더 근본적인 변화를 요구하기 시작했다. 교사들의 교육권이 보호받지 못하는 현실, 이 상태로 학교를 방치한다면 공교육의 붕괴를 막을 수 없을 것이라는 절박함이 교사들을 거리로 내몰았다. 전국교사집회는 단순히 교사가 많이 참여한 한순간의 모임이 아니라, 교사들이 더 이상 침묵하지 않겠다는 선언이었다.

그날을 기록하는 이유

9월 4일 공교육 멈춤의 날, 집회로 향하는 행렬 속에서 한 교사가 눈물을 닦으며 말했다.

"우리가 이렇게 나서지 않으면, 다음은 누구일지 모른다."

우리는 그동안 너무 많은 것을 참아 왔다. '교사니까', '아이들을 위해서', '참으면 된다'며 수많은 아픔을 삼켰다. 과도한 행정업무, 반복되는 악성 민원에도 우리는 침묵했다. 하지만 더 이상은 참을 수 없었다. 서이초 교사의 죽음은 우리 모두의 상처였고, 우리 모두의 책임이었다.

이 기록은 바로 그날의 이야기다. 내 동료의 이야기이자 나의 이야기며, 모든 교사의 이야기이기도 하다. 교실에서 시작된 작은 목소리가 어떻게 거리의 외침이 되었고, 서로 다른 삶을 살아가던 교사들이 어떻게 한마음이 되었는지 기록한 것이다. 다시는 그 어떤 교사도 서이초 교사와 같은 고통 속에 홀로 남겨지지 않도록, 우리는 2023년 여름부터 교사들이 싸워 온 순간을 기록하고 기억하려 한다.

1장
9.4 공교육 멈춤의 날

'9.4 공교육 멈춤의 날' 개괄

2023년 9월 4일, 공교육이 멈춘 날

9월 4일, 서이초 교사의 49재를 맞아 전국의 교사들은 각자의 방식으로 그를 추모했다. 그리고 오픈채팅방에서 전국 학교의 아침 상황을 실시간으로 공유했다. 서울로 향하는 고속도로는 평소보다 극심한 정체를 빚었고, 검은 옷을 입은 사람들이 줄지어 이동하는 모습이 포착됐다.

  일부 교사들은 출근 후 검은 복장을 갖춰 입었고, 병가와 조퇴를 신청하는 교사들도 속출했다. 연가와 병가를 내지 못한 교사들은 안타까운 심정을 전했다. 출근길에 눈물을 흘렸다는 교사도 있었고, 서울 집회에 참여할 수 없어 지역 집회에 참여하겠다는 의사를 밝힌 교사들도 많았다.

"아침부터 서울 가는 고속도로가 엄청 막히네요. 지방에서 올라오시는 선생님들인 거 같아요. 검은 물결입니다."
"출근했는데 선생님들이 거의 대부분 까만 옷을 입으셨어요."
"조퇴 상신하고 꼭 집회 참석하겠습니다."
"67명 교직원 중 60명이 병가입니다."
"전남은 (도교육청 집회에) 여비 부지급 출장 내고 갑니다."
"부끄럽습니다. 그리고 출근길에 이 파행에 나약한 마음으로 이러지도 저러지도 못하는 저 자신이 부끄럽습니다. 아침에 출근하는데 눈물이 나네요."
"가정사나 자녀 양육 문제로 서울은 갈 수 없지만 각 지역 집회에 참여하는 인원을 모두 합한다면 아마 우리가 초라해지는 일은 없다고 봅니다."
"서울로 가시는 선생님들! 감사하고 응원합니다. 지역 집회에서 함께하겠습니다."

한편, 교육부는 공교육 멈춤의 날을 하루 앞둔 시점까지도 집단행동을 막기 위한 조치를 이어 갔다. 그러나 수많은 교사의 추모와 변화에 대한 요구는 흔들리지 않았다. 결국, 한국 교육사에서 전례 없는 공교육 멈춤의 날이 현실이 됐다. 이날의 전국교사집회는 무엇을 남겼나? 앞으로 교육 현장은 어떤 변화를 맞이해야 할까? 이에 대한 답을 찾기 위해 다시 그날로 돌아가 본다.

교육부의 선전포고

7월 18일, 서이초 교사의 안타까운 죽음 이후 전국의 교사들은 여름방학 동안 주말을 뜨거운 아스팔트 위에서 검은 옷을 입고 보냈다. 연이어 여섯 차례의 집회가 열렸고, 6차 집회가 끝나고 많은 지역이 개학을 앞두고 있었다. 온라인 커뮤니티에서는 서이초 교사의 49재인 9월 4일을 어떻게 보낼 것인지를 두고 다양한 의견이 오갔다. 그러나 8월 중순부터 본격적으로 논의된 49재의 자발적인 추모 움직임에 대해 교육부는 '징계'라는 강경한 방식으로 응답했다. 평화적인 방식으로 추모와 변화의 의지를 밝혀 온 교사들은 이에 절망했고, 분노했다.

  8월 26일, 6차 전국교사집회가 열렸다. 다음 날인 8월 27일, 교육부는 이례적으로 보도자료를 발표했다. 제목은 '9.4 불법 집단행동, 법과 원칙에 따라 엄정하게 대응'이었다. 서이초 사건 이후, 이주호 교육부 장관이 약속했던 '현장 교사와의 대화'는 형식적인 쇼에 불과했음이 드러났다. 교육부는 49재를 앞둔 교사들의 자발적인 추모 움직임을 존중하거나 격려하기는커녕, 참여하는 학교와 교사들에게 불법 행위라는 낙인을 찍고 징계를 예고했다. 심지어 정당하게 사용할 수 있는 연가, 병가, 재량휴업까지 처벌 대상으로 삼았다.

  교사들은 "더 이상 죽고 싶지 않다", "더 이상 동료를 잃을 수 없다"라는 절박한 외침을 교육부가 이해하지 못한다고 느꼈다. 교육부와 일부 시도교육감들은 불법 운운하며 협박성 공문을 두 차례나 발송

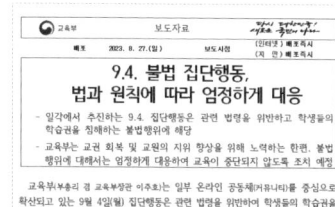

공교육 멈춤의 날 SNS 프로필 이미지와 교육부 보도자료

했다.

서이초 교사의 49재를 추모하기 위해 전국의 많은 학교가 임시 휴업을 논의하거나 계획하고 있었다. 휴업이 어려운 학교에서는 교사들이 개별적으로 휴가를 내고 추모 모임에 동참할 예정이었다. 수만 명의 교사가 뜻을 함께했다.

전국교직원노동조합(전교조)은 8월 28일 규탄 성명을 발표했다. 성명에서 "학교와 교사들은 법과 원칙에 따라 정당한 권한을 행사하고 있다"며, "재량휴업일은 학교 구성원의 판단에 따라 사용할 수 있는 권리이며, 조퇴나 연가 또한 교사들의 기본적 권리"라고 밝혔다. 또한 "학습권 침해나 불법이라는 표현이야말로 거짓 선동이며, 불법적으로 권한을 남용하는 것은 교육부와 그 수장인 이주호 장관"이라고 지적하고, 이주호 장관을 직권남용 혐의로 공수처에 고발했다.

고발장 접수 장면. 출처: 〈교육희망〉

며칠 뒤인 8월 31일, 윤석열 대통령은 추석 연휴와 개천절 사이 월요일인 10월 2일을 임시 공휴일로 지정했다. 대통령의 한마디로 전국적인 휴무가 결정됐다. 또한 2024년 10월 1일 국군의 날을 임시 공휴일로 지정함으로써, 전국 초·중·고등학교의 25%가 시험 및 현장체험학습 일정을 변경하는 혼란을 겪었다.

대통령은 손쉽게 재량휴업일을 결정할 수 있지만, 학교 구성원들은 민주적 절차대로 재량휴업일을 결정해도 불법으로 간주됐다. 교육부는 법적으로 보장한 교사의 연가와 병가 사용조차도 9월 4일에는 불법이라고 주장했다. 대통령과 교육부가 학교와 교사를 어떻게 바라보고 있는지를 단적으로 보여 주는 사례였다. 학교를 교육자치기관이 아닌 행정조직으로 간주하고, 교사를 단순한 지시 이행자로 여기는 낡은 인식이 교권을 약화시키고 학교를 위기에 빠뜨리는 주요한 원인이었는데, 이 사안도 맥을 같이 했다.

　아래는 익명으로 〈교육희망〉에 실린 글 '우리 학교는 재량휴업일을 결정했습니다!'이다. 여기에는 이주호 교육부 장관이 리더십과 책임의 의미를 되새길 만한 내용이 담겨 있다.

> 꾹 눌러 왔던 용암이 엄청난 열기와 함께 터져 나오듯 뜨거운 공교육 정상화의 열망은 우리 학교 선생님들도 다르지 않았다. 9월 4일 공교육 멈춤의 날에 대한 관심을 넘어서서, 개학하자마자 이미 전체 교사의 50% 이상이 연가 신청을 완료한 상태였다.
> 8월 25일 회의를 진행했다. 전체 회의를 열어 9월 4일 재량휴업일 결정을 내려야 하는 상황이었다. 한 시간 정도의 회의에서 추모의 마음을 담아 어떻게 기억하고, 실천할 것인가에 대한 이야기들이 오갔다. 그리고 자연스럽게 선생님들의 마음은 하나로 모아져 재량휴업일을 결정했다. "학운위(학교운영위원회)에 교사들의 의지를 전하기 위해 배석하고 참관하자"라며 자발적으로 선생님 세 분이 나섰다.
> 8월 26, 27일. 주말 동안 교육부의 파면, 해임 겁박 보도가 있었다. 월요일 긴급 전체 회의가 다시 열렸다.
> "추모와 애도의 마음만이 아니라 '공교육 회복의 날'로 생각하며 진행하자.", "교장 선생님에 대한 징계까지 염려된다." 등

등 선생님들은 모두 다 9월 4일을 의미 있게 진행하고자 다양한 제안을 했다.

"선생님들의 우려는 알겠지만, 교사를 돕고 지원하는 것은 이 시기의 교장으로서 책무일 것 같습니다. 이 역할을 위해 학교에 왔다고 생각합니다."

선생님들을 보호하기 위해 재량휴업일을 그대로 진행하겠다는 교장 선생님의 말씀이 이어진다. 이 시대의 교사를 지원하는 교장의 모습! 목 안에서 뜨거운 것이 올라왔다.

"교장이 징계당하면 나도 징계하라고 선언하겠습니다. 우리 교장을 우리가 구하자." 하며 말하는 선생님도, 듣는 교장 선생님도, 회의장에 있던 여러 선생님도 눈물을 흘렸다.

우리 학교는 재량휴업일을 결정했지만, 하루하루 달라지는 상황 속에서 또 어떤 변수가 등장할지는 모르겠다. 그런데 한 가지는 확실하다. 우리 교육의 이야기를 우리 교사들이 주체가 되어 함께 머리를 모아 의논하고 방법을 찾아가고 있다는 것이다.

우리 학교는 개학 때부터 민원 처리 TF를 만들어 논의에 들어가고 있다. 이런 게 우리의 문제를 적극적으로 해결하는 살아 있는 교육공동체, 살아 있는 학교의 모습이 아닐까?

서이초 사건 이후 학교 현장은 달라지고 있다. 교사들이 주체적으로 교육 문제를 해결하려 하고 있고, 그 힘과 열기는 점점 강해지고 있다.

여전히 구시대적 방식으로 자리를 겁박하는 협박자들에게 말하고 싶다. 달라진 교사들의 동료성과 전체 교사 회의를 통해 결정된 사항을 엄중히 다루는 우리의 민주적 결의가 앞으로 무엇을 바꿀지 아무도 모른다.

'우리 학교는 재량휴업일을 결정했습니다' 출처: 〈교육희망〉

이주호 장관이 겁박 공문을 발송한 후, 교사들은 크게 분노했고, 함께 우려의 목소리도 높였다. 온라인 커뮤니티에서는 공교육 멈춤의 날에 찬성하면서도 9.4 국회 집회보다는 개별적인 추모행동에 집중해야 한다는 의견을 제기하는 사람도 있었다. 그러나 상당수의 교사는 당일 연가나 병가를 내고 집에 머무르는 것만으로는 의사를 충분히 표현할 수 없다고 판단했다. 추모 헌화, 추모식, 추모 집회 등 각자가 원하는 방식으로 추모할 수 있어야 한다는 요구가 거세졌고, 49재는 단순한 애도가 아니라 공교육 회복의 계기로 삼아야 한다는 움직임도 확산되었다.

전교조는 교사들을 보호하기 위한 행동에 나섰다. 교육부의 대응에 맞서 적극적인 법률 검토를 받았고, 기존 전교조 연가 투쟁에서 있었던 징계 상황 등을 정리했다. 그리고 8월 30일, 9.4 공교육 멈춤의 날 Q&A와 '9.4 멈춤의 방법을 알려드립니다' 영상을 제작해 배포했다. 해당 영상은 교사들의 큰 관심을 받으며 빠르게 확산되었고, 짧은 시간에 1만 3천여 명이 시청했다. 이미 교사들은 더 많은 사람이 연가, 병가, 집회에 참여해야 서로를 보호할 수 있다고 결심한 상황이었고, 이들에게 이 영상은 더 용기를 낼 수 있는 계기를 만들었다.

교육부의 징계 조치에 대비해 전교조 각 지부는 긴급 논의를 시작했다. 실제 징계가 현실화될 가능성이 높다고 판단해 공교육 멈춤의 날과 추모 집회를 공식적으로 지지하는 결단이 필요한 상황이었다. 공교육 멈춤의 날에 참여하는 교사들과 9.4 국회 집회 집행부는 각 교원단체의 입장을 확인하고자 했다. 전교조는 나머지 5개 교원단체와 협의해 공동 대응을 모색했다. 그러나 단체마다 견해차가 커서 하나의 의견으로 정리하는 데 어려움이 있었다.

전교조는 9월 3일 일요일, "전국 교사들의 공교육 멈춤과 추모 집회를 지지하며, 공교육 정상화를 위해 끝까지 함께할 것입니다"라는 입장을 발표했다. 또한, 각 지역의 교사들과 교원노조·단체들이 준비해온 공교육 멈춤의 날 및 전국 추모 집회 일정을 안내했다. 더불어 징계 대응을 위한 오픈채팅방을 17개 시도 단위별로 운영하여 조합원이 아닌 교사들도 도움을 받을 수 있도록 체계를 구축하고 홍보했다. 특히 17개 시도 단위 징계 대응 오픈채팅방은 많은 교사로부터 지지와 응원을 받았다. 실제로 참여를 망설이던 교사들에게 큰 용기를 주었다는 긍정적인 피드백이 있었다.

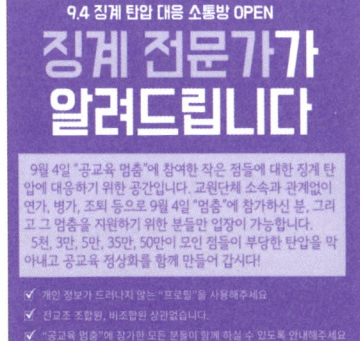

서울 등 전국 17개 시도교육청 모두 개설
*오픈채팅방:
　https://open.kakao.com/o/******

간략한 징계 과정은 이렇습니다.
1)경위서. 확인서 요구 2)문답서:교육청 감사실 3)징계위원회 출석요구서 수령 4)징계위원회 출석 5)징계의결요구서 수령 6)교원소청심사 7)행정소송

각각의 과정에 함께 대응하는 것이 중요합니다. 작은 점들이 모이면 교육부, 교육청의 징계는 쉽지 않을 것입니다. 긴급한 질문, 도움이 필요할 경우에 유선 연락 가능합니다.
02-2670-9401 (전교조 교권상담국장)

징계 대응 오픈채팅방 홍보 웹포스터와 안내 문자

교사들과 연대하는 시민들

교육부 장관은 공교육 멈춤에 참여하는 교사들과 관리자를 징계하겠다는 입장을 고수하고 있었고, 사회적 여론과 정치적 판단이 실제 징계를 막을 핵심 요소로 작용했다. 교사들만의 요구가 아니라, 시민들이 공교육 멈춤의 날을 지지하고 동참한다면 교육부의 징계 조치는 실효성을 잃을 가능성이 컸다.

　8월 30일, 교육부의 협박성 공문이 논란이 된 지 하루 만에, 부산에서 '9월 4일 공교육 멈춤의 날 학부모·학생 지지 선언'이 발표되었다. 시민사회의 움직임이 공교육 변화를 이끄는 중요한 동력임을 다시 한번 확인하는 순간이었다. 아래는 당시 관련 기사를 발췌한 것이다.

지지 호소문에서 "서이초 선생님의 일을 접하고 학부모로서 느꼈던 참담함은 이루 말할 수가 없었다. 어찌하여 좋은 교사가 되고 싶어 하는 교사들의 마음을 접게 만들고 있는지, 그로 인해 학교교육의 미래는 암담하게 느껴질 수밖에 없다"라면서 자신 또한 "어떤 학부모의 모습이었는지 돌아보았다"라고 밝혔다.

또한, "한 교사의 죽음이 있고 난 뒤에야 많은 이들이 학교 현장을 제대로 보기 시작했다. 이번 일이 학교교육을 바로 잡는 변곡점이 되어야 한다"라면서 자녀와 상의하여 '학교교육 정상화를 위한 공교육 멈춤의 날 참가하기'를 사유로 교외체험학습 신청서를 제출한다고 전했다.

8월 30일부터 시작한 지지 서명은 24시간 만에 학부모 12,137명, 예비 학부모 2,428명, 학생 778명 총 1만 5,343명이 참여해 1차 참여 명단이 31일 공개되었다.

'학부모·학생 공교육 멈춤의 날 지지…단 하루 만에 15,343명' 출처: 〈교육희망〉

종교단체들도 징계에 맞서 행동에 나선 교사들을 지지하며 응원의 뜻을 밝혔다. 4대 종교(기독교, 불교, 원불교, 천주교) 소속 46개 단체는 9월 1일 성명을 통해 "서이초 선생님의 죽음은 망가져 가는 대한민국

교육의 현실을 보여 주는 사례이며, 동료 교사들의 눈물과 분노는 무너져 가는 교육에 대한 안타까움과 절규"라고 밝혔다. 이어 "미래 세대의 교육을 책임진다는 사명감으로 교사의 길을 선택했고, 학생 한 명이라도 놓치지 않기 위해 최선을 다해 온 교사들이 결국 거리로 나설 수밖에 없었다"라고 현 상황을 진단했다.

4대 종단은 "동료의 억울한 죽음을 외면하지 않고 참된 추모가 무엇인지 보여 주고 있는 교사들의 결단과 용기에 감사한다"면서 "교사들의 목소리에 귀 기울여야 할 교육부가 오히려 징계를 거론하며 교사들의 슬픔을 외면하고 탄압하고 있다"라고 비판했다. 교사들을 거리로 내몬 것은 교육 현장의 부당한 현실을 외면해 온 교육부와 정부라는 것이다.

또한, 4대 종단은 "9월 4일 공교육 멈춤의 날이 학교의 공공성을 회복하고 안전한 교육 환경을 조성하는 중요한 계기가 될 것"이라며, 윤석열 정부와 교육부에 "슬픔을 칼로 베지 마라"고 호소했다. 이어 "서이초 교사의 억울한 죽음이 학교의 공공성과 안전한 교육 환경을 회복하는 아프지만 소중한 디딤돌이 되기를 바란다"라고 강조했다.

한편 국제교육연맹Education International, EI도 한국의 교사들에게 지지와 연대를 표명했다. EI는 전 세계 교사들과 교육계 종사자들로 이루어진 국제교원노조연맹Global Union Federation으로, 178개국 383개 교원단체가 가입되어 있으며 3,200여만 명의 회원을 보유한 세계 최대의 교육 관련 조직이다.

EI는 9월 1일 홈페이지를 통해 "공교육 정상화라는 공동의 목표 아래 매주 토요일마다 단결하여 규모가 점점 더 커지는 집회를 개최하고 있는 한국의 교사들에게 전폭적인 지지와 연대를 표한다. 국제교육연맹은 한국 교사들과 함께할 것이며, 교사의 권리를 부인하려는 한국 정부의 그 어떤 시도도 배격할 것"이라고 밝혔다.

이어지는 슬픈 소식

한편 서이초 교사의 죽음이 알려진 이후, 8월 8일 방송 매체를 통해 의정부호원초 초임 교사 두 명의 안타까운 죽음이 세상에 알려졌다. 전교조 경기지부는 경기도 교사들의 추모 마음을 모으고 실효적인 교권 대책 마련을 촉구하며 '의정부호원초 교사 추모제'를 개최했다.

8월 30일, 18시 의정부역 앞에서 열린 '의정부호원초 교사 추모제'에는 의정부 등 경기도 각지에서 온 교사와 시민 200여 명이 함께했다. 경기도 교사들은 서이초 교사 사안 못지않게 고인이 된 의정부호원초 두 분의 교사 사안도 마음 아파하고 연대하였다.

8월 31일, 교사 두 명의 안타까운 죽음이 또 전해졌다. 서이초 교사의 49재를 앞두고 교육부 장관은 징계 협박을 하고, 학교는 공교육 멈춤의 날을 앞두고 긴장과 혼란에 빠져 있던 시기였다. 경찰의 수사 결

의정부호원초 교사 추모제. 출처: 〈교육희망〉

과가 무혐의로 결론이 난 절망적인 시기에, 또다시 서울신목초, 군산 무녀도초 두 명의 교사가 생을 마감한 것이다.

　서울에서는 신목초 교사의 추모를 돕기 위한 움직임이 시작되었다. 부고 소식이 전해진 직후부터 전교조 조합원과 교직원, 관리자들이 한뜻으로 모여 시민들과 함께 추모의 뜻을 나누었고, 전교조도 적극적인 지원을 이어 갔다.

　신목초와 무녀도초 교사는 아직도 순직 인정을 받지 못했다. 이는 우리에게 남겨진 과제이다. 2024년 7월 18일 서이초 교사 1주기에 교

서울신목초등학교 추모 공간 모습. 출처: 〈교육희망〉

원단체는 한목소리로 교권보호와 교원의 순직 심사제도 개선, 교원 유가족 지원 제도 마련을 요구하였다. 억울한 죽음이 없도록 조속히 순직 결정이 이루어지고, 유가족들이 건강하게 사회에 복귀할 수 있도록 관련 제도를 마련해야 한다. 끝까지 우리가 관심을 갖고 지켜봐야 하는 이유이다.

교육 당국의 부당한 탄압

경기도교육청은 계속해서 교사들의 추모행동과 공교육 멈춤의 날 참가를 노골적으로 방해하여 계속 마찰이 일었다. 9월 4일, '서이초 교사 49재' 추모 집회 참여 및 추모행동이 전국적으로 모이고 있는 가운데 경기도교육청은 교사의 정당한 복무 상신에 대해 징계를 거론하며 탄압을 예고했다.

경기도교육청은 연가와 병가 소명자료 제출에 대비하라는 공문을 발송하여 징계를 사전 공지하였으며, 9월 4일 당일 병가를 낸 교사들의 복무를 반려하고 학교장이 직접 병원으로 찾아와 교사를 데려가겠다는 엄포를 하기도 했다.

9월 4일 오전, 전교조 경기지부는 추모 집회 보장 및 탄압 중단 기자회견을 열어 경기도교육청을 규탄하고 교사들과 9.4 국회 집회에 참여하였다.

경기도교육청은 서이초 사건 초기부터 다른 모든 교육청에서 마련한 서이초 교사 추모 공간조차 만들지 않고, 교사들이 보낸 근조 화환을 즉시 폐기하는 등의 조치로 교사들의 분노를 샀다. 전교조 경기지부는 경기도교육청 지하 출입구 공사장 옆에 추모 공간을 임시로 마련하고, 추모 공간 마련을 위한 농성 투쟁을 이어 가기도 했다.

한편, 교육부는 공교육 멈춤의 날을 하루 앞둔 9월 3일 15시, 정부서울청사에서 '교육부 차관-현장 교사 공개 토론회'를 개최했다. 그러나 미리 섭외된 현장 교사 6명 중 4명만 참석했으며, 이마저도 교사들과의 진정한 소통이 아닌 형식적인 자리였다. 예고에도 없던 이주호 교육부 장관이 등장해 호소문을 발표하는 형식으로 마무리되었고, 이를 생중계로 지켜보던 교사들의 분노는 극에 달했다.

장상윤 교육부 차관은 모두 발언에서 "9월 4일은 모든 학교에서 교육 활동이 이루어져야 할 수업일임을 헌법과 법률에 따라 규정하고 있다. 이 시점에서 우리가 경계해야 할 것은 추모의 뜻, 선생님들의 분노에 편승하여 책임을 회피하거나 특정한 목적에 활용하려는 시도일 것이다"라고 발언하며, 공교육 멈춤의 날이 교사들의 공적 책임 회피나 특정 목적을 위한 행동일 가능성이 있다는 부정적 시각을 드러냈다. 또, "아동학대법은 문제가 없다. 교사도 아동학대 할 수 있다", "교사 고소 고발 막아 줄 수 없다", "녹음 막아 줄 수 없다. 학생이 수업 복습을 위해 녹음하는 것일 수도 있다" 같은 발언을 했다.

토론회 말미에 깜짝 등장한 이주호 장관은 토론회 참가 교사들의 발언은 듣지도 않고 호소문을 발표했다. "우리 학생들에게는 선생님이 필요합니다. 그러니 선생님들께서는, 우리 학생들 곁에서 학교를 지켜주십시오"라는 발언을 남겼다. 이는 교사들을 학생을 떠나는 책임감 없는 사람으로 묘사하려는 의도로 비쳤고, 교사들의 반발을 더욱 키우는 결과를 낳았다. 교사·학교 측에 징계, 고소를 언급하며 직권남용을 하던 이주호 장관은 교사 측으로부터 고소를 당했다.

한편, 강민국 국민의힘 수석대변인도 9월 3일 오후 국회에서 기자들과 만나 "공교육 멈춤의 날과 관련한 당의 대응이나 입장이 있느냐"는 기자들 질문에 "교육자는 성직자만큼 신성한 직업"이라며, "특정 단체로 인해 교육 현장과 교실이 정치 투쟁의 장으로 변했다"며 전교조와 추모 집회에 색깔을 입히는 주장을 해 교사들의 큰 분노를 샀다.

9월 4일, 슬픔과 분노를 모아 행동으로

드디어 9월 4일이 밝았다. 글머리에서 언급한 것처럼 연가, 병가를 내고 서울 추모 집회에 참여하는 교사들, 조퇴를 내고 지역 집회에 참여하는 교사들이 속출했다. 일부 학교는 교육부의 으름장에도 불구하고 재량휴업일을 지정하여 잠시 멈추고 서이초 교사를 추모하고 공교육을 뒤돌아보는 시간을 가졌다. 일부 학교에서는 병가를 내고 출근하지 않은 교사가 많아 정상적인 학사 운영이 힘들어 단축 수업을 하거나 긴급 교육과정을 운영했다.

전교조는 서초경찰서 앞에서 진상 규명을 촉구하는 피케팅을 진행하고, 서이초에서 추모 활동도 함께 진행했다.

이날 15시, 서이초 강당에서는 서울시교육청 주관으로 서이초 선생님의 49재 공식 행사가 열렸다. 행사는 비공개로 진행하였으며, 많은 시민과 교사들이 서이초를 찾아 추모에 동참했다. 교사들에게 징계를 운운한 이주호 장관도 참석했다. 이주호 장관은 서이초 정문을 통해 헌화하지 못하고 다른 경로를 통해 강당으로 입장했다. 장관이 행사장을 떠날 때, 교사들은 그의 차량 앞에서 피켓을 들고 항의하며 목소리를 높였다.

"이주호 장관님! 정말 오늘 여기 오신 선생님들 징계할 겁니까?"

"교사를 보호해야 할 교육부 장관이 그 책임을 다하기 싫다면 물러나십시오!"

"이주호는 교사들에게 사과하고, 사퇴하라!"

교사들의 외침은 교육부의 태도 변화를 요구하는 강력한 메시지로 전달되었다.

9월 4일, 국회 앞 도로는 5만여 명의 교사들로 가득 찼다. 서이초와 신목초를 오가던 교사들은 하나둘 국회로 모였고, 교육부의 징계 위협에도 불구하고 이들은 단결된 모습으로 집회를 이어 갔다. '혹시나 징계를 받는 것은 아닐까?' 하는 우려로 마스크를 쓰고 참석했다가 현장에서 마스크를 벗고 당당하게 집회를 준비하는 동료들의 모습에 감격해 눈물을 흘리는 교사도 많았다.

한 교사는 "5,000명만 와도 성공이라고 생각했다. 5,000명을 모두 징계할 수는 없을 테니까. 그런데 국회 앞 도로가 가득 찼다. 경찰도 당황할 정도였다. 밀려드는 검은 옷의 행렬을 보며 계속 눈물이 났다"라고 당시 상황을 전했다.

"이제 우리가 지키겠습니다, 우리가 바꾸겠습니다"라는 슬로건 아

9월 4일 공교육 멈춤의 날 서이초 추모 공간 모습과
서초경찰서 앞 전교조 항의 행동 모습. 출처: 〈교육희망〉

공교육 멈춤의 날 열린 국회 집회. 출처: 〈교육희망〉

래 열린 9.4 국회 집회는 교육사에 길이 남을 집회로 기록될 것이다. 교육부의 징계 겁박 속에서도 국회 앞 집회 5만 명 참가, 13개 지역 추모 집회에 7만 명 참가, 9월 4일 전국에서 열린 집회에 총 12만 명의 교사들이 연가, 병가, 조퇴 등 자기만의 방식으로 참여했다. 제주에서는 전체 교원의 1/3에 해당하는 2,000명의 교사가 집회에 참석했다. 각 지역에서 열린 집회는 모두 역대 최대 규모를 기록하며, 교육을 바꿀 주체가 바로 교사들이라는 사실을 다시 한번 확인하는 계기가 되었다.

12만 명이 참석한 집회의 힘은 컸다. 이주호 교육부 장관은 9월 4일

밤 열린 국회 예산결산특별위원회 전체 회의에서 "법적으로 따져 봐야 할 사항은 있겠지만, 크게 보아 추모와 교권 회복이라는 한마음이기 때문에 추모에 참여한 교사들에 대한 징계는 없을 것"이라고 밝혔다. 이에 따라 교육부는 '공교육 멈춤'에 따른 징계 방침을 철회하였다.

〈8.13일~9.4일까지의 상황 일지〉

8월 13일(일) 공교육 멈춤의 날 참여자 구글 설문지 시작

8월 14일(월) 〈9.4 공교육 멈춤의 날〉 웹사이트 집행부 카카오톡방 개설

8월 14일(월) 인디스쿨 '오늘안녕' 9.4 국회 집회 집행부 모집

8월 15일(화) 〈9.4 공교육 멈춤의 날〉 실시간 현황 웹사이트 개설

8월 16일(수) 〈9.4 공교육 멈춤의 날〉 웹사이트 집행부 해체

8월 26일(토) 6차 전국교사집회

8월 27일(일) 인디스쿨 '오늘안녕' 9.4 국회 집회 집행부 해체

8월 27일(일) 교육부 보도자료 [9.4 불법 집단행동, 법과 원칙에 따라 엄정하게 대응] 발표

8월 28일(월) 오픈채팅방 '함께 맞는 비' 중심 9.4 국회 집회 집행부 결성

8월 28일(월) 전교조, 이주호 장관 직권남용 혐의로 공수처 고발

8월 29일(화) 전교조 입장문 [9.4 서이초 교사 49재 추모 활동에 대한 전교조 입장] 발표

8월 30일(수) 〈9.4 공교육 멈춤의 날〉 실시간 현황 웹사이트 폐쇄

8월 30일(수) 전교조, 9.4 공교육 멈춤의 날 교육부 겁박에 반론 Q&A 안

내 / '9.4 멈춤의 방법을 알려드립니다' 영상 제작 배포

8월 30일(수) '9.4 공교육 멈춤의 날 학부모·학생 지지 선언' 시작. 하루 만에 15,343명 참가

8월 31일(목) 서울신목초, 군산 무녀도초 교사 사망

9월 1일(금)~4일(월) 전교조, 서울신목초 교사 추모 활동 진행

9월 1일(금) 4대 종교단체, 9월 4일 공교육 멈춤의 날 지지 성명 발표

9월 1일(금) 국제교육연맹(EI) 지지 연대 성명 [한국 교사 공교육 정상화 투쟁에 전폭적 지지와 연대] 발표

9월 2일(토) 전교조, 9.4 공교육 멈춤의 날에 대한 징계 탄압 대응 소통방 개설 논의

9월 2일(토) 7차 전국교사집회 30여만 명 참가

9월 3일(일) 전교조 보도자료 [전국 교사들의 공교육 멈춤과 추모 집회를 지지하며 공교육 정상화를 위해 끝까지 함께할 것입니다] 발표 / '공교육 멈춤의 날 및 전국 추모 집회' 지도 제작 및 안내 / 징계 오픈 카톡 대응방 개설 및 운영

9월 4일(월) 9.4 공교육 멈춤의 날. 서울 포함 전국 13곳에서 추모 집회 진행. 12만 명 참가. 전교조, 서이초에서 이주호 장관 사퇴 피케팅, 서초경찰서 앞 진상 규명 촉구 피케팅, 서이초 사건 진상 규명 촉구 긴급 서명 진행.

학교 상황과 대응

서이초 교사 사망 이후 한 달이 넘게 진상 규명이나 후속 대책 마련이 이뤄지지 않자, 교사들 사이에서 9월 4일에 공교육 정상화 운동을 하자는 목소리가 나오기 시작했다. 8월 4일~7일 인디스쿨 등 교사들이 모인 온라인 공간에서는 '9.4 공교육 정상화 운동'의 방법에 대한 의견을 묻는 설문 조사가 진행되었고, 참여 교사 3,628명 중 84.1%가 연가 투쟁에 참여하겠다고 의사를 밝혔다.

이후 9월 4일 공교육 정상화를 위한 집단행동에 참여하고 싶다는 교사들이 늘어났고, 방식은 파업에 준하는 연가 투쟁 등의 방식이 제일 많이 거론되었기 때문에 9월 4일을 공교육 멈춤의 날이라고 명명하게 되었다. 또한 설문 조사를 진행한 교사를 중심으로 공교육 멈춤의 날 집행부를 구성하였으며, 〈9.4 공교육 멈춤의 날〉 실시간 현황 웹사이트도 개설하여 재량휴업일을 추진하는 학교들과 연가, 병가를 사용하겠다는 교사들의 숫자를 실시간으로 확인할 수 있었다.

그러던 와중 8월 16일 새벽, 〈9.4 공교육 멈춤의 날〉 실시간 현황 웹사이트를 개설한 개발팀이 돌연 해체를 선언했다. 사유는 교육부의 징계로부터 스스로를 보호하기 위해서라고 밝혔다. 이 해체 선언을 듣고 여러 학교에서 동요하는 움직임이 있었지만, 개발팀의 해체 선언 이후에도 많은 교사는 소속 학교의 동료 교사들을 설득하기 시작했다. 웹사이트 개발팀은 해체되었지만 집회를 추진하는 집행부는 여전히 남아 있었고, 참여자 수도 급속도로 늘어난 덕분에 많은 지역에서 공교육 멈춤의 날에 동참하겠다는 의지를 그대로 유지했다. 또한 각 지역에서도 집회를 열어 더 많은 교사가 참여할 방법을 마련하자는 의견도 모았다.

한편 초등교사 커뮤니티 인디스쿨에서 '오늘안녕'이라는 닉네임을 쓰던 한 교사가 9월 4일 공교육 멈춤의 날 집회 집행부 모집을 알렸다. 그리고 공교육 멈춤의 날 참여 의지를 가진 교사들은 서이초 교사 추모 리본 프로필 사진의 바탕을 보라색으로 바꾸어 올리며 서로에게 힘이 되자는 움직임을 보였다. 보라색 배경의 추모 리본 프로필이 빠르게 SNS에 게시되는 것은 웹사이트만큼이나 강력한 힘을 발휘했다.

8월 19일 5차 집회 전후로 개학하는 학교가 늘며 9월 4일 집단행동의 열망을 서로 확인할 수 있었다. 5차 집회가 끝나고 버스 운영팀과 9.4 지역 집회 집행부는 지역 소통방을 통해서 더 자세한 논의를 시작하였다. 또한 각 학교에서도 교사들을 중심으로 공교육 멈춤의 날에 동참하자는 논의가 적극적으로 이뤄졌다.

  당시 일부 지역의 학교 상황을 살펴보자.

충북의 A학교

서울에서 열린 전국교사집회를 마치고 청주로 돌아가는 대절 버스 안에서 참가 교사들은 각자 학교의 상황을 공유하였다. 그리고 월요일에 각자 학교에서 지금까지 망설였던 말들을 꺼내고, 학교 구성원들에게 함께 행동할 것을 제안해 보자고 이야기했다.

  A학교의 한 교사는 버스 안에서 학교 내 단체소통방에 바로 글을 올렸다.

> 점으로 참여했지만 점이라고 느껴지지 않는, 추모하러 왔지만 위로받고 돌아가는 집회였습니다.
> 다만 이제 위로만 주고받는 것으로 끝나서는 안 된다는 생각이 듭니다. 여론이 형성된 이런 상황에서조차 법적인 부분을 해결하지 못하다면 우리의 교육 현실은 변하지 않을 것이라는 위기의식이 느껴집니다.
> 준비 워크숍에서 이야기 나눈 것처럼 학교 차원에서 많은 시

도를 하고 있는 우리 학교조차 법적인 부분에서 한계를 느끼고 있는 것이 현실이지요. 우리가 안전하고 행복한 교육을 할 수 있는 학교로 만들고자 한다면 그 1차 목표를 법 개정에 두고 9월 4일 행동으로 보여야 한다고 생각합니다.

집회에 함께 참여한 다른 학교 선생님에게서 9월 4일 행동 실천 이야기를 들었을 때 생각이 많았습니다.

학년부장으로서 어제까지도 9월 4일은 '학교 설명회' 행사가 있고 성실히 공개 수업을 해야 하는 날, 그것이 전부였습니다. 그런데 더 큰 부분을 해결하지 않고는 우리가 늘 고민하고 실천하는 좋은 교육도 지속되지 않을 것이기에 이제 조심스럽게 선언합니다.

전 9월 4일 참여해야겠습니다. 우리 반 아이들이 소중하지만 우리 반 아이들의 학습권이 고민되지만 모든 것을 다 제가 해결하기는 어렵다는 것을 깨달았습니다.

보기와 다르게 대문자 'I'라서 누구한테 함께하자고 말할 성격도 안 되고 살살 꼬시는 말주변도 없습니다. 다만 오늘 이 말을 꺼내지 않으면 다음 주 내내 고민만 할 것 같아 글 남깁니다. _돌아가는 버스 안에서 울렁거림을 참으며

8월 21일(월) A 교사는 9월 4일 예정된 학교행사를 연기하고 재량휴업일을 추진할지 여부를 묻는 임시 회의를 제안하였다. 교무회의를 통

해 내용을 공유하고 동학년 교사들의 의견을 충분히 수렴하여 다음 날 수업이 끝난 2시 30분에 연석회의를 하기로 하였다.

8월 22일(화) 0시를 기준으로 공교육 멈춤의 날 집계 확인 공개 웹사이트에 교사 약 4만 6천 명, 재량휴업일 참여 학교는 150개가 넘는다는 글이 올라왔다. 임시 연석회의를 통해 학교운영위원회 임시회를 소집하여 [9월 4일을 '학교장 재량휴업일'을 추진하는 학사 일정 조정(안)] 안건을 통과하는 방법으로 결정하였다. 학생들의 학습권을 보장하고 교사들 스스로도 보호하는 방식으로 추진하기로 한 것이다.

안건 제안 이유는 '교직원 복무 상황에 따라 9월 4일을 학교장 재량휴업일로 지정하여 학사 일정을 변경 운영하고자 함'이며, 제안 근거는 '초중등교육법 시행령 제 47조의 ②항'이었다. 학교 누리집에는 임시 학운위 안건이 올라왔다. 이날 밤 9시 〈PD수첩〉을 통해 '지금 우리 학교는: 어느 초임 교사의 죽음'이 방영되면서 재량휴업일 추진은 급물살을 타고 나아갔다.

8월 23일(수) 교육부에서 보낸 '노란버스법' 관련 공문으로 인해 미리 계획했던 '전세 버스' 계약이 파기되며 2학기 현장체험학습이 불투명해지자 교사들은 더욱 분노했다. 학교의 정상적인 교육을 방해하는 곳이 '교육부'임을 증명하는 공문이었다. 이런 상황에서도 교사들은 교육과정을 안정적으로 운영하면서 학생들의 학습권에 피해가 되지 않도록 애를 썼다.

8월 24일(목) 오전, 인터넷 뉴스를 통해 '공교육 멈춤의 날 집계 사이트에 9,500개 이상의 학교 6만 6천여 명의 교사가 동참했고, 9월 4일 재량휴업일 확정교 보고에 응답한 학교는 268개교'라는 내용이 알려졌다. 오후, 교육부가 강력 징계하겠다는 입장을 발표하는 속보가 나왔다. 오후 4시, 전체 교사 긴급회의가 열렸다. 어느 선배 교사는 "이전에도 전교조 교사들 중에서 '연가 투쟁'을 하면서 징계받은 교사가 있었다"며 후배 교사들을 걱정하였다. 그러나 학교 교사들은 서로의 생각을 확인하고 9월 4일은 계획한 대로 '연가'든 '병가'든 그대로 추진하자고 결속하였다. 또한 학생들에게 피해가 가지 않도록 학교의 현실을 알리고 학부모들에게 동의를 구하기 위해 학교장 재량휴업일을 하려는 이유를 설명하는 '가정통신문'을 만들어 재량휴업일 찬반을 묻는 설문을 진행하기로 하였다. 설문 결과에 상관없이 학운위 안건은 그대로 추진하기로 했다. 이미 학운위 위원들은 교사들의 결정을 지지하고 동참한다는 의견을 표현한 상태였다. 회의가 끝나고 학교 내 단체소통방에는 세종시 교육감의 "'교육공동체 회복의 날'로 함께할 것이며 교사들을 보호하고 지키는 일에 주저함이 없도록 하겠다"는 내용의 글이 올라왔다.

8월 25일(금) 회의 결과에 따라 9월 4일 복무와 관련해서 이날 퇴근 전까지 신청하기로 하고 관리자도 결재하기로 하였다. 학부모회, 학부모 단체 등에서 교사들의 집단행동에 대해 지지하는 글과 입장문, 성명서, 선언문들이 단체소통방에서 퍼져 나갔다.

주말 동안 49재 추모 집회 운영팀이 해체되었다는 소문이 들렸다.

도교육감실에서 학교의 관리자들에게 개인 번호로 전화해서 징계 협박을 했다는 이야기, 밤늦은 시간에 재량휴업일을 추진하려는 학교장들을 도교육청으로 소집하여 9월 4일 학교장 재량휴업일은 안 될 일이라며 교장·교감 당사자뿐만 아니라 교사들 징계는 어떻게 책임을 지려고 하냐며 협박과 회유를 했다는 이야기도 들려왔다.

8월 28일(월) 오전, 9월 4일 재량휴업일 지정과 관련하여 학부모들의 91.7%가 찬성했다는 결과가 공유되었다. 점심시간, 오후에 예정된 학운위 임시회를 앞두고 관리자가 부장 교사들을 소집하였다. 교원대에서 열린 초등교장단 워크숍에서 공교육 멈춤의 날 사이트 집행부 중 일부가 와서 이상한 말을 하였다고 전하며, "9.4 공교육 멈춤의 날의 의미가 훼손된 것 같다. 그래서 재량휴업일 추진 안건을 철회한다"고 하였다. 의미가 훼손되었다는 말에 교사들을 보호하기 위해서 자신이 책임지고 재량휴업일을 추진하겠다던 교장 선생님의 철회 결정을 부장 교사들은 지켜봐야만 했다. 이날은 학교 안팎에서 많은 말들이 오갔다.

인터넷 뉴스를 통해서 "'9.4 공교육 정상화의 날' 동참 서명 인원 집계 사이트에 따르면 9월 4일 집단 연가에 참여 의사를 밝힌 교사들은 지난 28일 기준 1만 790개교 8만 1,777명이다. 여기에는 교장 273명과 교감 397명도 포함됐다. 9월 4일 당일 재량휴업일로 지정한 학교는 474개교로 나타났다"는 소식이 공유되었다. 학교 밖에서는 예정대로 재량휴업일을 추진하는 것처럼 보였다. 학교 안에서 교사들은 재량휴업일을 추진할 수 없는 상황을 바꾸기 위해 회의를 하고 방법을 모색

하였지만 뚜렷한 대안이 없었다.

이런 분위기에서 충북의 정우택 국회의원이 학교폭력 예방교육을 학기별 1회에서 매월 1회 이상으로 확대하는 내용의 '학교폭력예방 및 대책에 관한 법률 일부개정법률안'을 대표 발의하였다는 소식이 공유되면서 지역의 교사들은 더욱 분노하였다. 혼란스럽고 어수선한 분위기 속에서 29일이 지나갔다.

재량휴업일 안건 철회 이후에 관리자와 학년부장, 교무부장 자리에 있는 선배 교사들은 후배 교사들이 징계를 받을까 걱정이 되어서 복무 상신을 취소해 달라고 회유하였다. 누군가는 이런 식의 회유가 교육부를 위한 것이지, 교사들을 위한 것은 아니라고 따졌다. 진심으로 걱정하는 마음이, 교사들의 분노에 가려 '눈속임으로 그런 척하는 교육부' 방식처럼 보이는 것이 안타까웠다. 곳곳에서 갈등이 발생하자 자리는 접어 두고 학교의 한 구성원으로서 솔직한 마음을 꺼내서 이야기하기로 하고 다시 모였다.

한 교사는 자신이 선택한 방법과 행동으로 인해 다른 사람이 징계를 받거나 불이익이 될까 염려하였다. 교장이 관리자로서 공동체 구성원을 보호할 수 없음을 안타까워하고 있다는 것을 알았다. 연가와 병가를 상신했던 교사들은 자신들이 징계를 받는 것은 괜찮지만, 그 선택으로 인해 교장이 직위 해제될까 걱정하고 있었다. 선배 교사가 서로의 마음을 알았으니 49재 추모 집회를 추진하려고 하는 그 마음으로 생각하자고 말하였다. 어떻게 하는 것이 추모하는 의미와 우리들의 마음을 담을 수 있을 것인지를 공유하자며 서로의 마음을 다독였다. 이런 복잡한 상황을 선배에게 이야기했더니 다음과 같이 정리해 주었다.

"다른 사람의 처지를 고려해서 선택하는 것도 그 사람의 선택이고 그로 인한 결과도 그 사람이 책임지는 것이므로 지금은 각자가 하고 싶은 것을 하면 된다."

학부모들 사이에서 9월 4일 멈춤을 하는 교사들을 응원하는 의미로 '교외체험학습'을 신청하는 방법이 퍼지며 학급마다 교외체험학습 신청이 들어왔다. 공교육 정상화의 날로 추진하자고 한 만큼, 9월 4일 당일 학생들에게 피해가 가지 않는 방향으로 복무 결재 상황을 기준으로 결·보강 계획을 세웠다. 49재 추모 집회를 지역에서도 하니, 수업 끝나고 참여하도록 안내하였다. '함께'라는 의미를 모아서 각자의 방식으로 9월 4일을 지내자는 생각에 동의하였다.

8월 30일(수) 늦은 시간, 〈9.4. 공교육 멈춤의 날〉 실시간 현황 웹사이트가 폐쇄되었다. 함께 용기 낸 사람들이 숫자로 보이는 경험은 참 위대했다. 하지만 웹사이트 폐쇄로 학교 안팎의 긴장은 더욱 높아졌다.

8월 31일(목) 저녁 뉴스에 학교마다 재량휴업일을 철회하면서 벌어지는 학교의 혼란스러운 상황이 보도되었다. 교사와 학부모들의 인터뷰가 나오면서 학교 현장을 뒤흔들고, 정상적인 학사 일정 운영에 걸림돌이 되는 쪽은 오히려 교육부임을 알 수 있었다.

9월 1일(금), 9월 4일 학교 수업 운영에 대한 가정통신문을 배부하였다. 학교에 출근하기로 한 교사들은 정상적인 운영을 위해서 최선을 다하였다. 차분한 분위기로 이 혼란을 초래한, 교육 당국에 분노하는 마음은 9월 2일(토) 집회에 참석해서 보여 주자며 서로의 마음을 위로했다.

경기 B학교

교사들 사이에 공교육 멈춤의 날 프로필 사진 바꾸기가 시작되었고, 어느 순간 교장을 포함한 교내 모든 교사의 SNS 프로필 사진이 변경된 것을 확인하였다. 서로의 생각을 확인한 교사들은 8월 18일(금) 개학 후, 교사들이 모여 함께 행동할 방법에 대해 협의 시간을 가졌다.

교사들은 연가, 병가, 재량휴업일 지정 등 여러 의견을 나눈 후, 9월 4일을 재량휴업일로 지정하는 방법으로 의견을 모았다. 협의를 하면서 학부모회에 알리는 것에 대한 의견도 나누었다. 교사들은 "학부모회의 의견에 관계 없이 재량휴업일을 추진하자"고 하였다. 덧붙여 '학운위 심의는 재량휴업일 지정의 과정이기에 추진하기로 한 것'이지, 학운위 심의를 통과하지 못한다고 하여 재량휴업일 결정을 철회하지는 않기로 하였다. 물론 그에 따른 결과는 함께 감수하기로 하였다.

교장은 학사 일정을 변경하는 학운위를 개최하기 전에 학운위원장, 학부모회장에게 전화하여 교사들의 생각과 재량휴업일의 필요성을 전달하였다. 이는 허락을 받기 위함이 아니라 함께하자는 존중의 의미였다. 결과적으로 학부모회에서도 교사들의 결정을 지지하고 동참한다고 하였고 9월 4일을 재량휴업일로 지정하기로 하였다.

학운위 임시회는 8월 24일(목)에 하기로 하고 학부모회와 소통 과정은 가지되 재량휴업일 찬반 의견 조사는 진행하지 않기로 하였다. 학운위 심의 후 나갈 재량휴업일 운영 안내 가정통신문도 만들었다. 모든 절차가 순조롭게 진행되어 순탄해 보였다. 경기도 교육감이 도교육청 누리집 첫 화면에 호소문을 게시하였고 27일(일)에는 교육부가 엄정 대응하겠다는 방침을 발표함에 따라 교사들은 동요했다. 자신들의 징계보다 교장의 징계를 걱정했다.

28일(월), 29일(화) 교사협의를 하였고 30일(수)에는 교장에게 '재량휴업일 지정 철회'를 요청하였다. 교장은 교사들의 '책임과 무게를 나누어지자'는 그 마음을 알기에 의견에 따르기로 하였다. 서로를 지켜주기 위해 어쩔 수 없는 선택을 하면서도 무력함을 넘어 분노를 느꼈다. 재량휴업일 지정과는 별개로 각자의 방법으로 9월 4일 공교육 멈춤의 날에 함께하기로 하였다.

경북의 C학교

9월 4일 이른 시간, 경북 C학교 단체소통방 알림이 울렸다. 한 부장 교사가 다음과 같은 메시지를 올렸기 때문이다.

9월 4일 오전 7시 20분,
서이초 선생님을 추모하며 함께하는 마음으로 메시지를 보냅니다.
9월 2일 국회 앞 집회에서 하도 울어서 얼굴에는 짠내가 가득하고 마음은 돌덩이처럼 무거웠습니다. 쉽지 않은 결정이었을 텐데, 오늘 교육청과 교육부의 겁박이 있었음에도 세상을 바꿔야 한다는 생각으로 '공교육 멈춤 행동'으로 용기를 보여 준 선생님들께도 적극적인 지지를 보냅니다. 학교는 걱정 마시고 잘 다녀오세요. 그리고 수업을 위해 다른 방법을 선택하여 배려해 준 선생님들께도 감사의 마음을 전합니다.
이번 일을 겪으며 각자 가진 경험치가 다르기에 의견과 행동이 다를 수 있다는 것을 인정하며 성숙하게 서로를 배려하는 우리 학교 선생님들의 모습을 보면서 많은 것을 느꼈습니다. 논의를 통해서, 또 각자가 선택한 방법은 다를지 몰라도 생각은 같다는 것을 잘 알고 있습니다. 우리 앞으로는 서로 미안해하지 말고, 서로 불편해하지 않는 마음으로 이해하며 함께 나아가는 공동체가 되었으면 합니다.
이 모든 것이 우리들의 잘못은 아니잖아요. 오늘만큼은 너무나 슬픈 교육 현실에 서로의 안부를 챙겨 주고 위로해 주는 하루를 보냈으면 합니다. 그리고 정당하게 가르칠 권리가 보장되고 공교육이 회복되는 그날까지 함께 힘을 모아 봅시다. 이른 아침, 쭈그리 선배이자 동료 교사의 마음을 꺼내 봅니다.

교육부와 교육청 차원에서 강한 압박이 있었지만, 경북의 많은 교사는 그 부담을 감수하면서도 변화를 위한 움직임을 멈추지 않았다. C학교 교사들도 마찬가지였다. 다만 9월 4일 집회는 교직 생활이 뒤흔들릴 만큼 높은 수위의 징계가 예상되었기 때문에 섣불리 교사들이 '멈춤' 행동에 참여하기 어려운 상황이었다.

그러나 모두가 침묵하고 있다면 아무 일도 일어나지 않을 것이기 때문에, 교육부가 휘두른 징계의 칼날을 기꺼이 감수하고자 했던 전교조 교사가 9월 4일 집회에 참여하기로 했다. 혹여 교사들에게 피해가 갈까 염려되는 마음에 차량 또한 전교조 지회에서 대절하였으며, 단체와 관계없이 모두 하나가 되어 싸우자는 교사 대중의 의지를 존중하여 참여 교사들은 모두 하나의 검은 점으로 참여하였다.

그리고 9월 4일(월) 집회가 끝나고 늦은 시각, 예상보다 많은 참가 인원과 거센 반발에 놀란 교육부는 '추모에 참가한 교사의 징계를 검토하지 않겠다'고 발표했다. 긴 하루를 보내고 지쳐 있던 C학교 교사들은 이 소식을 접하며 복잡한 감정을 느꼈다. 다행이라는 안도감과 함께, 애초에 이런 논란이 벌어졌다는 것 자체가 가슴을 먹먹하게 했다.

9월 4일 하루 동안 얼마나 많은 교사가 서로를 걱정하고, 위로하며, 교육의 본질에 대해 다시 한번 생각했을까. 그날, C학교의 교사들은 고통스러운 현실 속에서도 서로를 지켜보며 다시 걸어 나갈 힘을 얻었다.

광주 D학교

9월 4일 공교육 멈춤의 날이 예고된 가운데, 광주에서도 숨 가쁘게 상황이 돌아갔다. 8월 28일 월요일 오전, 광주 이정선 교육감은 9.4 공교육 멈춤의 날에 대해 지지와 참여를 바라는 입장문을 발표했다. "이번 9월 4일은 추모를 넘어 교권 회복을 다짐하는 날이 되기를 진심으로 희망하고 교사들도 상황에 맞는 다양한 방식으로 함께해 주시기 바란다"고 독려했다. 교사들은 소식을 공유하며, 각 학교 단위에서 재량휴업일에 대한 건의와 대처가 빠르게 이루어지기 시작했다.

하루가 채 지나지 않은 8월 28일 오후, 오전의 입장문과 다른 내용의 공문이 조용히 올라왔다. 공문에는 학교의 재량휴업, 교원 연가, 병가 사용, 집회 참석 등이 위법이며 이를 어길 시 해임·징계는 물론, 형사 고발까지 가능하다는 협박성 표현이 담겨 있었다. 언론에 이야기한 내용과 전혀 다른 사실이 학교 현장에 접수되자 현장은 혼란에 빠졌고, 교사들은 광주교육청의 비열함에 분노했다.

전교조 광주지부는 8월 29일 긴급 기자회견을 열고, 학교 현장에 혼란과 갈등을 일으키는 교육감의 이중 행동을 규탄하며, 진실한 입장을 표명하라고 촉구했다. 이에 8월 31일, 광주교육청은 교육부 방침에 따라 징계와 형사 고발이 가능하다는 공문을 현장으로 보냈다.

광주 D초등학교에서도 마찬가지였다. 개학과 함께 교사들은 뜻을 모아 학교장에게 재량휴업일 지정 추진을 요청하였고, 학교장은 교사들의 생존을 위한 외침을 외면하지 않고 추진해 보겠다는 답변을 하였다. 하지만 시간이 지나며 교육청에서 오는 공문과 주변 학교 상황을 살피던 교장은 결국 '추진 불가' 입장을 밝혔다. 광주 D초등학교에서 벌어진 상황은 광주 관내의 거의 모든 학교에서 비슷하게 일어났다.

9월 1일, 광주 지역 38개 학교장들은 포기하지 않고 입장문을 통해 "교육부의 징계 운운 겁박에 동의할 수 없으며, 선생님들의 행동을 지지하고 함께할 것이며, 교육감의 입장 표명을 바란다"고 말했다. 현장 교사 몇몇은 교육청에 가서 교육감이 보는 앞에서 1인 시위를 하며, 교사들을 보호하라고 외쳤지만 이정선 교육감은 끝까지 묵묵부답이었다. 광주광역시의회 교육문화위원회가 공교육 멈춤의 날 참여 교원 보호와 관련해 질의를 하자 광주교육청은 "합법적 범위 안에서 참여해야 하고, 이를 어길 시 교육부 방침대로 징계하겠다"는 입장을 내놓았다.

그럼에도 불구하고 교사들은 포기하지 않고, 오픈채팅방 등을 통해 공교육 멈춤의 날에 함께하기를 결의하였다. 9월 4일, 광주지역 초등교사 56% 이상이 여러 형태로 멈춤의 날에 참여한 것으로 집계되었다.

이날 5.18 민중항쟁 최후의 항전지 전남도청 앞 분수대 광장에 열린 광주 지역 집회에는 4천여 명의 교사, 시민들이 함께하였다.

경기 E학교

서이초 선생님 소식이 알려진 날은 E초등학교의 여름 방학식 날이었다. 다음 날 E초등학교 교사 몇몇은 각자 서울시교육청과 서이초등학교로 가서 추모행동에 참여했다.

한 해 전 E초등학교 저경력 선생님을 대상으로 벌어진 한 학부모의 악성 민원은 학교 구성원 모두를 괴롭게 하였다. '자녀에게 학급 내 괴롭힘이 있는 것 같다'는 추측으로 시작된 민원은 갈수록 심해졌고 반복적이었으며, 교사가 안전하게 교육 활동을 이어 갈 수 없는 수준까지 이어졌다. 교사를 보호하기 위해 나선 교감이 학생 앞에서 언성을 높여 학부모에게 이야기했다는 이유로 아동학대로 신고하겠다는 위협을 받기도 했다.

E초등학교에서 악성 민원으로부터 교사를 보호할 수 있는 방법은 해당 교사에게 병가를 내게 하여 민원을 낸 학부모와 분리하는 것이었다. 아무 잘못 없는 교사가 직을 수행하지 못하도록 하는 해결이 최선의 해결책은 아니었으나 다른 방법이 없었다.

서이초 선생님 사건이 일어나기 일주일 전, E초등학교에서 여러 번

임원 역할을 지낸 학부모는 본인 자녀의 책상에 본드가 묻어 있는데 담임교사가 범인을 색출하지 못한다는 이유로 "학교를 난도질하겠다"고 반복적으로 협박하였다. 화난 학부모를 진정시키고 학교장에게 도움을 요청하는 것, 빨리 방학이 오기를 기다리는 것이 최선의 해결책이었다. 학교는 지정한 등교 시간 이전과 방과 후 시간에 개방했던 교실 문을 잠글 수밖에 없었다.

서울시교육청으로, 서이초등학교로 달려간 E초등학교의 교사들은 당사자이며, 주변인이며, 누군가를 지켜 주지 못해 괴로워하는 사람들이었다.

E초등학교 부장 두 명은 방학 동안 열린 교사집회 개근러(매번 참석하는 사람)였다. 한 명은 교사집회 집행부를 여러 번 하며 학교에 집회 소식을 전했고, 한 명은 지역버스 담당자의 역할을 수행했다. E초등학교 부장 교사들은 부장 온라인 대화방을 통해 집회 소식을 나누고, 또 각 학년 온라인 대화방을 통해 소식을 전했다. 저마다 갖고 있는 상처를 꺼내 놓지 못했던 E초등학교 교사들은 2023년 여름, 광장에서 서로 연결되었다.

9월 4일 집회 논의가 한창이던 때, E초등학교가 개학했다. 교사집회 개근러 두 명의 부장이 그동안 유명무실했던 교사회 개최를 제안했다. 교장, 교감, 교사들이 모여 9월 4일 학사 일정을 어떻게 할지 논의했다. 재량휴업일 지정 없이 파업해야 한다는 주장과 재량휴업일로 지정하자는 주장이 엇갈렸다. 모두의 발언권을 존중하며 서로 진지하게 토론했다.

　E초등학교 교장은 9월 4일 등교 수업 2교시 운영 후 다 함께 버스를 대절하여 집회에 참여하자고 수정하여 제안하였고, 교사들이 수용하여 합의하였다. E초등학교 교장은 이전의 악성 민원과 다른 갈등 사안에서 적극적으로 관리자의 역할을 수행하여 교사들의 신뢰가 두터운 사람이고, 민주적인 리더십이 있어 학교 구성원이 회의에서 본인의 의견을 표현하는 것이 자유로웠다. 처음 열린 교사회는 우리의 문제를 우리가 해결하는 방식으로 매우 의미 있게 이루어졌다.

　그러나 이후 9월 4일에 급식이 이루어지지 않는 것에 대한 학부모 문의와 민원이 학교장을 압박했다. E초등학교 교장은 탄력적 교육과정 운영을 통해 4교시를 운영한 후 급식을 하고 하교를 시키자는 수정 제안을 하였다. 관리자를 제외하고 다시 개최한 교사회에선 교장의 수정 제안이 파업의 효과가 없어 받아들일 수 없다는 의견과 교장의 새로운 제안을 받아들여 공교육 멈춤은 하지 말고 집회에만 중심을 두고 함께 행동하자는 의견으로 갈렸다. 쉽게 결론이 나지 않아 최초 합의안을 교장에게 다시 제안하는 방식으로 2차 교사회를 마무리하였다.

　9월 4일 학사 일정을 합의하지 못한 상태로 며칠이 지나고, 9월 4일 집회팀이 여러 논란 끝에 해체되었다는 소식이 들렸다. 집회가 없으니 공교육 멈춤을 하는 의미가 없다는 흐름이 만들어졌고, 단축 수업과 단체 집회 참여 논의는 중단되었다. '집회 취소로 인하여 9월 4일에 정상적으로 학사 운영을 한다'는 결론이 났다.

이즈음 중등교사를 중심으로 새로운 집회팀을 구성했다는 소식이 들렸다. 집회에 개근하는 두 부장의 의견이 갈렸다. 모두 함께 집회를 참여하도록 3차 교사회를 개최해야 한다는 의견과 인디스쿨이 아닌 중등교사가 중심이 된 집회를 신뢰할 수 없어 집단 참여가 조심스럽다는 의견이었다.

결국 3차 교사회는 개최하지 못하였다. 집회팀 해체, '공교육 멈춤 vs 집회 개최' 의견이 강하게 엇갈리는 온라인 토론 분위기에서 모든 게 조심스러웠기 때문이다. 그럼에도 교무부장은 9월 4일 교사 행동을 지원하기 위해 9.4 집회 오픈채팅방에 참여하여 집회 운영 여부를 지속적으로 모니터링하였다.

이후 E초등학교 교사들은 교사회를 개최하지는 않았지만, 각 학년 협의회를 통해 동학년 교사의 공교육 멈춤의 참여 의지를 확인하며 힘을 모았다. 8월 말 기획회의에서 교장 선생님은 허심탄회하게 이후 교장 중임 발령에 영향을 미칠 수 있어 9월 4일 복무를 결재할 수 없다고 고백하였다. 교사들의 9월 4일 복무를 결재하는 교장과 교감도 징계 대상이라는 교육부의 서슬 퍼런 협박이 관리자들을 위축시킨 것이다.

이날 부장들은 교장, 교감 선생님이 9월 4일로 인해 다치는 것을 원치 않으며, 공교육 멈춤에 참여하는 교사들은 복무 상신 후 결재를 받지 않고 무단결근하고 그에 따른 책임도 알아서 지겠다고 하였다. 악성 민원에서 교사들을 보호해 온 교장, 교감의 노력을 E초등학교 교사들은 모두 알고 있었기 때문이다.

9월 4일 E초등학교 교사들은 대부분 출근하지 않았다. 각 학급의 50% 이상의 학생들은 "공교육 멈춤을 지지한다"는 학교장 교외체험학습 신청서를 내고 등교하지 않았다. 등교한 아이들을 학년별로 한 교실에 모으거나 강당에 모아 관리자와 출근한 소수 교사, 행정실 교직원들이 보살폈다.

9월 4일에 집회에 간 교사도, 서이초에 간 교사도, 집에서 추모만 한 교사도 이날 서로 무엇을 했는지 이후에 묻지 않았다. 하지만 용기 내어 9월 4일의 행동을 고백하고, 서로의 선택을 존중하고 격려하는 솔직한 메시지가 전해졌다.

공교육 멈춤의 날 지역 집회 상황

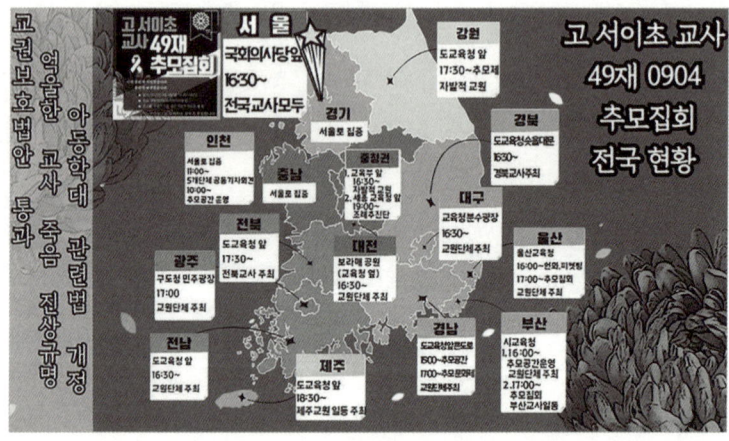

출처: 〈교육희망〉

9.4 공교육 멈춤의 날 집회는 전국에서 동시다발로 열렸다. 국회 앞에서

열린 서울 집회와 함께 강원, 경남, 경북, 광주, 대구, 대전, 부산, 울산, 전남, 전북, 제주, 세종·충북 총 13개 지역에서 교사들의 자발적인 집회가 열렸고 약 12만 명(서울 5만, 지역 7만)이 참여한 것으로 집계되었다. 이 중 제주, 충북, 광주, 부산, 경기 5개 지역의 집회 운영과 참여 상황을 구체적으로 살펴본다.

제주: 2,000명이 함께 나눈 위로

서이초 교사의 비극적인 사건 이후, 제주도 내 교직 사회도 큰 동요가

있었다. 서울에서 전국교사집회가 열리기 시작했고, 제주도에서도 몇몇 교사들이 직접 참여했다는 소식이 전해졌다. 인디스쿨을 중심으로 지역별 대절 버스를 운영하였고, 9월 초부터는 제주도에서도 비행기 지원을 시작하였다.

비행기 지원이 시작되면서 제주도 교사들의 집회 참여 규모가 가시화되었다. 매주 50명 이상의 교사들이 지원을 받아 집회에 참석했으며, 지원을 받지 않고 개별적으로 이동한 교사들까지 포함하면 실제 참가 인원은 더욱 많을 것으로 예상한다. 서이초 교사 49재를 앞둔 9월 2일 7차 집회에는 제주도에서만 200명이 넘는 교사들이 참가했다. 일부 교사들은 매주 집회에 참석하고 있었으며, 이는 교사 사회 내에서 서이초 사건에 대한 깊은 애도와 분노를 반영하는 것이었다.

공교육 멈춤의 날 집회를 준비하기 위해 제주 6개 교원단체가 모여서 준비를 시작했다. 전교조 제주지부, 제주교사노조, 제주교총, 좋은교사운동본부, 실천교육교사모임, 새로운학교네트워크제주가 참여했다. 각 단체에서 2명씩 기획단을 구성했다. 공식 주최는 특정 단체가 아닌 '제주교사일동' 이름으로 추진했다. 행사의 공공성을 강조하기 위한 결정이었다.

시간과 장소를 확정한 후, 도내 교사 메신저망을 통해 홍보를 시작했다. 이후 교사들의 적극적인 관심이 이어졌고, 행사 준비 과정에서 촬영팀과 질서유지팀이 자발적으로 구성되었다. 집회를 위한 후원 문의도 잇따랐다. 보도자료가 배포된 후에는 제주도 내 독립 서점에서 응원의 의미로 집회 당일 물을 지원하겠다고 나서는 등 다양한 형태의 지원이 이어졌다.

그러나 행사 당일까지 제주 공교육 멈춤의 날 집회 참가 신청 링크에 등록한 인원은 200여 명에 불과했다. 당일 집회 현장 참여율에 대한 불안이 커져 갔다. 하지만 막상 집회가 시작되자 불안감은 씻은 듯이 사라졌다. 집회 시작 전 준비한 1,000장의 피켓이 모두 소진되었다는 소식이 전해졌기 때문이다.

제주도 비행기 담당이었던 교사의 사회로 집회를 시작했다. 당일 오전까지도 참석하지 않겠다던 김광수 제주도 교육감은 참석한 선생님들의 규모에 놀라 결국 자리에 함께했고 참석한 선생님들께 더 노력하겠다는 이야기를 남겼다.

첫 번째 순서였던 추도사 낭독부터 선생님들의 숨죽인 울음이 이어졌다. 한 학생과의 관계 때문에 결국 반 학생들과 관계가 깨져 교실이 붕괴되고 우울과 무기력함으로 힘든 시간을 보냈다며 목이 메어 절절히 이야기하는 한 선생님의 이야기에 참석한 선생님들이 함께 울기도 하였다.

집회는 2,000명의 교사가 참석한 것으로 집계되었다. 제주도 교사가 약 6,000명임을 감안하면 제주 1/3의 교사가 참여한 유일무이한 대규모 교사집회였다. 2,000명의 교사가 한자리에 함께 있다는 사실만으로도 많이 위로받는 자리였다고 참석 교사들은 소회를 밝혔다. 교사들은 "내가 있는 교실을 마치 섬처럼 느꼈는데 같은 목소리를 내는 동료들을 보니 힘이 난다"는 등의 반응을 공유했다. 교사들은 자신이 교실에서 외로운 싸움을 하고 있다고 느꼈으나, 같은 뜻을 가진 동료들이 많다는 것을 이 집회를 통해 확인했다. 교사들은 또 모인다면 이런 슬픈 집회가 아니기를 바랐다.

충청: 지금 나 추적 중? 내 위치는 교육부

8월 중순 이전부터 충청 교사들은 9월 4일 서이초 교사의 49재에 맞춰 어떤 행동을 할 것인지 논의했다. 공교육 멈춤의 날을 만들자는 의견이

개학 전부터 온라인을 통해 활발히 공유되었다. 많은 교사가 9월 4일을 재량휴업일로 지정하길 원했으며, 전국 단위의 결집을 통해 교사들의 입장을 명확히 전달하고자 했다.

충청권 교사들은 세종 교육부 앞에서 9월 4일 집회를 열기로 결정하고, 집회 준비팀을 구성했다. 준비팀은 익명을 유지하기 위해 닉네임을 사용하며, 언론팀·홍보팀·진행팀을 조직했다. 회의를 거듭한 끝에 집회 준비팀장을 선정하고, 본격적인 준비를 시작했다.

그러나 개학 이후 교육부가 징계를 예고하는 공문을 발송하였고, 이에 따라 집회 준비팀의 긴장감도 높아졌다. 준비팀장은 교육부 앞 집회 사회를 결심하고 징계를 대비했다. 준비팀은 팀 회의에서 혹시 모를 징계에 대비해 부담이 크다면 팀 참여를 철회해도 좋다고 팀원들에게 안내했다. 만일 징계가 현실화된다면 팀장이 책임을 지겠다는 입장을 표명했다. 추모 행위조차 징계를 각오해야 하는 현실을 반영하는 조치였다.

8월 27일, 징계 위협에 대한 대응으로 충청북도 교육청에 보호를 요청하는 서명운동을 시작했다. 단 3일 만에 1,200명이 넘는 교사들이 참여했으며, 서명지는 교육청 비서실로 전달했다. 여러 언론에서도 서명운동을 보도하였으나, 9월 4일까지 교육청의 공식 답변은 없었다. 그러나 집회에 많은 인원이 참여한다면 징계 조치는 어려울 것이라는 믿음은 단단해졌다. 9월 2일 7차 전국교사집회에 전국에서 30만 명의 교사가 국회로 모이자 그 확신은 더욱 커졌다.

9월 4일 아침, 연가를 낸 준비팀은 세종 교육부에 모여 집회를 준비했다. 집회 당일, 많은 교사가 집회 관련 문의를 해 왔다. 하지만 참가자 사전 등록 링크를 따로 배포하지 않았기 때문에 예상 인원을 가늠할 수 없었다. 초기 예상 참가 인원은 1,000명이었으나, 당일 아침에는 2,000명 이상으로 예측했다.

　준비팀은 집회 당일 경찰과 협의하여 집회 장소를 조정하고, 주변 시설과 화장실도 점검했다. '지금 나 추적 중? 내 위치는 교육부'라는 교육부의 교사 감시 논란을 풍자하는 현수막과 함께 '교육부는 교사를 보호하라', '교육부는 사과하라'는 구호가 담긴 현수막도 세종 교육부 담장에 걸렸다.

　애니어그램 전문가이자 초등교사 출신으로 '사람과교육연구소'를 운영하는 정유진 선생님이 후원을 맡아 준 덕분에 무대 준비도 순조롭게 이루어졌다. 경찰 측도 협조적인 태도를 보였다. '협박 말고 교사 보호', '교사 죽음 방치 마라' 등의 문구가 담긴 피켓 2,000장도 순식간에 배부되었다.

　집회는 생활부장으로서 어려움을 겪은 교사의 증언, 정신과 의사인 김현수 교수의 글 대독, '누가 죄인인가' 퍼포먼스 등이 이어졌다. 참가자들은 발언자의 슬픔에 공감하며 함께 울고, 교사들의 권리를 외치는 구호에 함께 환호했다.

　집회를 진행하는 중에 교육부는 징계를 하지 않겠다는 입장을 발표했다. 집회가 끝난 후, 참가자들은 인사를 나누며 서로를 격려했다. 일부 교사들은 조퇴를 내고 참여할 수 있도록 집회를 마련해 줘서 감사하다는 인사를 진행팀에 전했다.

광주: 5.18 민주광장에서 교육 정상화를 외치다!

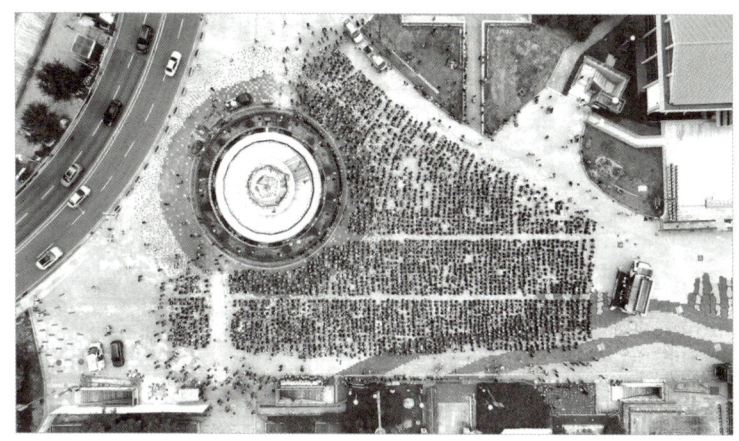

2023년 7월 18일 저녁, 서이초 교사의 사망 소식이 전해진 후, 전교조 광주지부, 광주교사노조, 광주실천교사는 협의를 통해 추모 공간과 추모제를 마련하기로 결정했다. 7월 21일 17시, 광주 시민협치진흥원 주차장에서 추모 문화제가 열렸다. 서둘러 퇴근한 교사들이 하나둘 모여들었고 모두 침통한 표정이었다. 현장에서 추모의 말을 신청받았지만, 아무도 말하지 못했고, 대신 그 마음은 커다란 흰 천과 포스트잇 편

지에 적혀 시민협치진흥원 1층 분향소 옆 유리창을 가득 메웠다.

　추모 공간을 운영하는 데는 광주교총도 함께했다. 이후 4개 단체는 추모 공간을 운영했고, 이후 대응은 4개 단체 대표단이 회의를 통해 결정했다. 추모 기간 동안 매주 서울 여의도에서 추모 집회가 열렸고, 이후 광주에서도 공교육 멈춤의 날 집회를 열기로 결정했다. 일부 언론 기사에서 광주 학교는 집회 참여에 호의적이라는 보도가 있었지만, 실제로는 병가가 승인되지 않는 상황이었다. 9월 4일을 앞둔 일요일 오후, 급히 노조 및 교원단체 대표들이 간담회를 열었으나 해결책을 찾지 못했다.

　이런 혼란과 불안 속에서도 9월 4일 17시, 5.18 민주광장에는 4,000명의 교사들이 모였다. 질서유지 담당자들은 전일빌딩 8층 카페 245에서 사전 회의를 가진 후 광장으로 이동하여 참가자들을 안내했다. 무더운 날씨에도 검은 옷을 입은 교사들이 하나둘 모여들었고, 광장은 점차 가득 찼다. 집회 시작 전 서이초 교사 추모곡인 '어느 여름날의 노래'가 광장을 메우고 있었다.

어느 여름날 홀로 남겨져 메말라 타버린 당신의 작은 화분
늦은 편지와 애타는 후회가 비틀어진 나뭇잎에 눈물을 떨군다.
숨죽여 쓰여진 남겨진 숙제와 아름답던 청춘 위에 눈물을 떨군다.
다시 여기에 모인 우리들, 무거운 발걸음, 못다 한 이야기
텅 빈 손으로 가린 두 눈에 전하지 못한 이야길 노래로 부른다.

분한 눈물을 삼키고 일어나 거울 속 당신 앞에 노래를 부른다.
거울 속 당신 앞에 노래를 부른다.

이후 충남 교사들이 제작한 '누가 죄인인가' 영상이 상영되었고, 영상은 교사들이 겪는 현실을 고스란히 보여 주었다. 이어진 발언에서는 아동학대 신고를 무기로 삼아 교사를 압박하는 사례들이 소개되었고, 참가자들은 분노한 마음을 구호로 표출했다.

여섯 명의 연사 중 한 교사는 교실에서 빗자루를 든 학생에게 위협을 당했던 순간을 이야기하며, "이제 '오늘도 무사히'라는 기도가 더 이상 통하지 않는 것을 깨달았다"고 말했다. 각화초 김승아 학부모회장은 "공교육 멈춤의 날이 공교육 바로 세우기의 날이며, 나아가 공교육 부활의 날이 되기를 바란다"고 강조했다. 광주교대 허승준 총장은 "선배 교육자이자 한 명의 인생 선배로서 다시는 이런 아픔을 겪지 않는 세상을 만들겠다"고 말했고, 박유경 총학생회장은 "초등학교 4학년 때 초등교사가 되는 꿈을 품기 시작한 뒤 한순간도 후회한 적이 없지만, 회의감과 두려움을 느끼고 있다"고 밝혔다.

교장단 대표는 "선생님들의 행동을 지지하며, 학교장이 앞장서서 악성 민원으로부터 교사를 보호하겠다"고 발표했다. 비록 모든 교장단이 의견을 밝히지는 않았으나, 병가 결재조차 승인하지 않는 현장의 분위기 속에서 일부 교장단의 메시지는 현장에 있던 이들에게 적잖은 용기를 주었다.

마지막 연사로 나선 김태형 교사는 "서이초 선생님께 손길을 내밀기에 너무 늦었지만, 앞으로 이 땅의 고통받는 선생님들을 홀로 두지 않겠다. 오늘의 슬픔과 분노가 내일의 희망과 약속으로 나아가길 바란다"며 연대를 다짐했다.

발언이 마무리되고 4개 단체 대표가 무대에 올랐을 때, 갑자기 비가 내리기 시작했다. 마이크를 잡은 대표들의 목소리는 떨렸고, 교사들은 비를 맞으며 집회를 이어 갔다. 대표들은 다음과 같은 요구를 발표했다.

"다시는 같은 비극이 반복되지 않도록 서이초 선생님 등의 죽음에 대한 진상을 규명하라!"
"국회는 정당한 생활지도가 아동학대 고소로 이어지지 않도록 관련 법안을 개정하라!"
"교육부는 악성 민원을 방지하고, 수업 방해 학생을 분리하고 계도할 실질적인 시스템을 마련하라!"
"광주교육청은 이러한 조치들이 가시화되고 제대로 추진되도록 교사와 협의체를 구성하고 실행하라!"

이날 집회는 단순한 추모가 아니었다. 교사들은 교육의 정상화를 요구하며 행동에 나설 것을 다짐했다. 광주 집회 사회자는 "시민 여러분, 지금 이 자리의 외침을 잊지 말아 주십시오. 교육 회복을 위한 관심과 지지를 부탁드립니다. 학생들이 바르고 실력 있는 아이들로 자라도록 교사들은 항상 최선을 다하겠습니다"라고 외쳤다. 80년 5월, 헌혈을 부탁하며 시민군을 잊지 말아 달라고 외쳤던 가두방송처럼.

집회는 '꿈꾸지 않으면'을 제창하며 마무리되었다. 교사들은 빗속에서 서로 손을 맞잡고 마지막까지 구호를 외쳤다.

9월 4일 광주 집회는 끝이 아니라 새로운 시작이었다. 이날 광장에서 함께했던 경험은 교사들에게 9월 4일이 깊은 연대의 원점이 될 것이라는 확신을 남겼다.

부산: 부산 교사들이 함께 지켜 낸 집회

공교육 멈춤의 날 집회를 지역에서도 열어야 한다는 의견이 모이며, 부산에서도 집회 준비가 시작되었다. 부산 지역 집회가 열리기까지 많은 우여곡절이 있었다.

9월 4일 서울 집회가 무산될 위기에 처했을 때, 그 여파로 부산에서도 집회를 취소하자는 움직임이 있었다. 일부 집행부는 집회 시간 조정을 이야기했다. 집회 자체를 반대하는 일부 집행부는 결국 이탈했다. 남은 집행부 교사들이 끝까지 집회를 성사시키기 위해 힘을 모았다.

어느 날은 여러 명이 동시에 집회 참가자 오픈채팅방에 들어와 집회 장소를 부산시교육청으로 하면 안 된다며 혼란을 일으켰다. 하지만 오픈채팅방 여론은 교사들의 목소리를 부산시교육청이 들어야 하기에 집회 장소를 부산시교육청으로 하자는 쪽으로 모였다.

부산시교육청은 집회 신고 당시, 참여자 수에 맞게 장소 협조를 약속했다. 하지만 집회 날짜가 다가오자 태도가 달라져 집회를 불허했다. 갑작스러운 불허 소식에 교사들은 전화, 팩스, 교육청 홈페이지 '교육감에게 바란다' 게시판 등을 통해 항의했다.

결국 교육청은 집회를 허가했지만, 집회 전날 갑자기 협소한 내리막길을 집회 장소로 제공하며 추가 인원이 오면 막겠다고 통보했다. 무대 설치도 허락하지 않았다. 이에 분노한 교사들은 더욱 결집했고, 경찰에 압사 위험을 신고하는 등 대응을 이어 갔다. 전교조 부산지부에서는 집회 당일 교육청을 직접 항의 방문했다. 결국 집회를 몇 시간 앞두고 교육청은 넓고 안전한 장소를 제공했고, 무대 설치를 허가했다.

집회 시간이 다가오자 1,000명을 예상했던 참여자는 그 수를 훌쩍 넘어서기 시작했다. 집회를 시작하기도 전에 피켓은 동이 났고 집회 참여자로 가득 찼다. 교육청은 마지막까지 허가하지 않던 잔디장을 허가했다. 이런 과정을 거치며 집회 참여자들은 우리가 모이면 '할 수 있다'라는 효능감을 느끼게 되었다.

부산시교육청이 생긴 이래 교사들이 2,800여 명이 모인 적은 처음이었다. 부산 집회는 '슬픔을 넘어, 변화로!'라는 슬로건으로 1부는 추모, 2부는 교육청에 바라는 내용으로 진행했다. 교사들의 추모 발언과 자유발언에 이어 각 교원단체 대표들이 이런 비극적인 일이 반복되지 않기 위한 방안을 이야기했다. 그리고 슬픔을 넘어 변화하기 위해 부산시교육청이 교사의 교권을 침해하고 교사를 힘들게 하는 부분에 대해 이야기를 나누었다. 부산시교육청이 교사의 의견은 듣지 않고 자신들의 성과를 내기 위해 추진하는 말도 안 되는 업무에 대한 비판도 이어졌다.

교권침해에 대한 여러 이야기는 학부모의 악성 민원뿐 아니라 학생의 욕설, 관리자에 의한 갑질, 교육청의 과도한 업무 추진 따위로 다양했다. 유치원부터 고등학교까지, 교과 교사부터 비교과 교사까지 누구 하나 해당하지 않는 경우가 없었다. 집회에 모인 많은 교사는 함께 이야기 나누고 구호를 외치며 마음을 나누었다. 학부모의 연대 발언을 통해 교사들끼리 모여 해결하는 게 아니라 교육 주체가 함께 연대해야 함을 느낄 수 있었다.

9.4 부산교사집회는 부산 집회 집행부가 준비했지만, 모든 교사가 함께 만들어 낸 집회였다. 그리고 그 속에는 전교조 조합원들이 있었다.

경기: 경기 교사들의 멈추지 않는 외침

9월 4일 공교육 멈춤의 날, 실시간 현황 알림 사이트를 기준으로 경기 지역 교사는 약 30,000명이 국회 앞 집회에 참여했다. 이는 이날 전국 집회 참여 교사 수(약 120,000명)의 25%에 달하는 수로, 다른 지역에 비해서 참여 비율이 매우 높았다. 이러한 현상이 일어난 이유를 살펴보려면 7월 24일부터 시작된 경기 교사들의 행동과 그 흐름을 이해해야 한다.

서이초 교사의 죽음 이후, 경기도교육청은 침묵했다. 다른 지역에서 추모의 움직임이 시작될 때도, 경기도교육청은 아무런 조짐을 보이지 않았다. 교육청은 공식적인 입장도 내지 않았고, 추모 공간조차 마련하지 않았다. 교사들은 기다리지 않았다. 7월 24일, 전교조 경기지부가 행동에 나섰다. 경기도교육청을 항의 방문해 책임 있는 대책 마련과 추모 공간 설치를 요구했다. 교육청은 이를 거부했고, 경찰을 불러 강제 퇴거를 시도했다. 이에 전교조 경기지부는 교육청 앞에서 노숙 농성을 시작했고, 2주간 자리를 지켰다.

연일 폭염이 이어지는 가운데, 교육청 지하에서 농성을 이어 가던

전교조 경기지부, 교권보호 대책 수립 촉구 노숙 농성 중. 출처: 〈교육희망〉

 전교조 경기지부로 교사들과 시민들이 방문하기 시작했다. 경기 남부의 한 교사는 아이스박스에 시원한 음료와 얼음을 가득 채워 농성장에 내려놓았다. 직접 만든 도시락을 챙겨 온 교사, 손수 쓴 편지와 응원의 메시지를 전하는 교사도 있었다. 추모의 뜻을 담아 근조 화환을 보내는 움직임도 커졌다. 경기 지역뿐만 아니라 다른 지역 교사들도 동참하면서, 화환이 교육청 지하를 가득 채우고 정문까지 늘어섰다. 퇴근길에 들러 1인 시위에 동참하는 교사도 있었다. 교사들의 손에 들린 피켓과 진심 어린 표정이 농성장에 힘을 보탰다.

 7월 20일, 수원컨벤션센터 앞에서 전국시도교육감협의회가 열리자 전교조 경기지부는 피켓 시위를 진행했다. 전교조 경기지부장은 고인의 명복을 빌며 재발 방지 대책을 마련하라는 요구를 담아 피켓을 들었다. 하지만 집회 신고 없이 피켓 시위를 했다는 이유로 경찰 조사를 받았고, 약식기소 처분을 받았다. 이후 지부장은 이날의 1인 시위가 집시법을 위반했다는 이유로 교육청으로부터 경징계 의결 요구서를 받아 최종 경고 처분을 받았다.

　7월 26일, 경기도지사가 추모 공간을 찾았다. 이후 일부 교육청 직원들이 방문해 헌화했고, 간이 의자를 제공하거나 시원한 물과 음료를 가져다주는 등 최소한의 협조적인 태도를 보였다. 그러나 경기도교육청 차원에서는 여전히 공식 입장을 밝히지 않았다. 내부에서는 불만이 감돌았고, 교육청의 침묵 속에서 개별 직원들의 협조가 이루어지는 모호한 상황이 이어졌다.

　7월 28일, 전교조 경기지부의 요구로 교원 3단체와 경기도 교육감 간 현안 협의회가 열렸다. 이 자리에서 추모 공간 마련, 교육감의 공식 추모 방문, 선제적 교원 보호 대책 발표, 교원단체와의 지속적인 협의 요구 등을 전달하였다. 그러나 교육청은 청사 내 LED 화면에 추모의 글귀를 전시하는 방안을 발표하며 추모 공간을 대신하려 했다. 형식적인 대응에 경기 교사들은 분노했다.

　7월 31일, 전교조 경기지부는 교육청 지하에 마련했던 임시 추모 공간을 지상으로 옮겼다. "볕이 잘 드는 곳에서 고인을 기리고 싶다"는 뜻이었다. 교육청 정문 앞에 천막을 세우고 추모 공간을 햇빛이 드는 자리로 이동했다. 이에 대해 경기도교육청은 "피해를 끼치고 있다"는 이유로 철거 계고장을 수차례 부착하며 압박했다. 그러나 교사들은 단순한 애도를 넘어 절망과 분노를 외치며 행동을 멈추지 않았다. 농성장은 교사들이 보낸 근조 화환 리본이 바람에 날리는 소리로 채워졌고, 경기도교육청의 현관은 여전히 굳게 잠겨 있었다.

8월 7일, 전교조 경기지부는 시민 추모 공간을 마무리하는 기자회견을 진행했다. 같은 날, 의정부 호원초등학교 교사의 사망 사건과 관련해 경기도교육청은 해당 교사가 학부모의 악성 민원으로 인해 극심한 스트레스를 받았다는 사실을 확인했다. 다음 날, 전교조 경기지부는 경기도교육청과 의정부교육지원청을 방문해 철저한 진상 조사와 책임자 처벌, 교사 생존권 전수 조사, 재발 방지 대책 마련을 요구하며 피케팅을 이어 갔다. 교권보호를 위한 조례 개정도 추진했다. 서이초 교사의 죽음에 분노하고 행동하던 교사들은 호원초 교사를 위한 행동에도 적극 나섰다.

태풍과 폭염이 이어지는 8월에도, 경기 교사들은 행동을 멈추지 않았다. 폭우 속에서도 교권보호 구호가 담긴 현수막 피케팅을 이어 갔다. 전교조 경기지부는 국회와 교육청 관계자들을 만나 교권보호 대책을 촉구했고, 서명운동과 팩스 민원 발송, 기자회견 참여 등의 실천을 이어 갔다. 호원초 교사의 진상 규명을 촉구하는 서명운동에는 하루 만에 1만 명의 교사가 동참했다.

9월 4일이 다가오면서, 교사들의 행동은 더욱 활발해졌다. 그러나 교육 당국은 교사들의 참여를 막으려 했다. 교육부는 "연가나 병가를 사용할 경우 불이익이 있을 수 있다"는 공문을 내려보냈고, 경기도교육청도 휴업 조치를 방해했다. 그러나 교사들은 굴하지 않았다. 9월 4일, 전교조 경기지부는 경기도교육청 남부청사 앞에서 서이초 교사

49재 추모 집회 보장과 탄압 중단을 요구하는 기자회견을 열고, 서울 국회 앞 9.4 전국교사집회에 집결했다.

경기 교사들은 9월 4일 이전부터 추모를 넘어 행동으로 연대했다. 그들의 외침은 교육청을 압박했고, 수많은 교사를 하나로 만들었다. 교육청이 끝까지 추모 공간을 인정하지 않았지만, 교사들은 멈추지 않았다. 7월 24일부터 9월 4일까지 그리고 그 이후에도, 경기도의 교사들은 교사 생존권을 지키기 위해 싸웠다.

공교육 멈춤의 날 집회를 만든 사람들

9.4 집행부 이야기

집회 초기부터 언제, 어디서, 누가 시작했는지 명확하지 않았지만, 교사들의 움직임은 결국 서이초 교사의 49재인 9월 4일을 향해 있었다. 9월 4일 집회를 제안한 '오늘안녕' 집행부는 9월 4일에는 반드시 서이초 앞에서 집회를 열겠다는 목표로 출발했다. 그러나 공교육 멈춤과 집회 분리를 주장하는 흐름이 강해지면서, 집행부는 해산했고, '함께 맞는 비' 집행부가 9월 4일 국회 집회를 이어받았다.

   전국교사집회는 한 회 한 회마다 크고 작은 사건도 있었고, 여러 목소리가 존재했지만, 집회 개최 자체의 찬반 여부가 강력하게 부딪혔던 집회는 서이초 교사 49재에 열린 '9.4 집회'가 유일했다. 집회를 개최하고자 하는 열망도 강했고, 집회를 무산시키려는 사람들의 움직임도 강력했다.

　9월 4일 연가, 병가, 재량휴업일 등을 활용한 우회 파업인 공교육 멈춤의 날을 처음 제안한 것은 '오늘안녕' 집행부가 아니었다. 이전에 집회를 운영하였던 팀이 '9월 4일 총파업' 집행부를 모집하면서 시작했다. 이후에 '공교육 멈춤의 날'로, 이후에는 '공교육 정상화의 날'로 명칭을 변경했다가 해체하였다. 이전에 집회를 운영했던, 이름이 알려진 교사가 중심이 되어 팀이 꾸려졌다. 공교육 멈춤의 날은 교사 개인이 자발적인 의지로 9월 4일에 연가 또는 병가를 상신하여 학교 운영이 불가능한 상황에 학교장이 학교장 재량휴업을 결정하여 전국의 학교가 문을 닫는 상황을 가정하였다. 예상한 대로라면 아무도 처벌받을 위험이 없는 제안이었고 창의적인 방식이었다. 병가를 제출한 교사가 당일 병원 진료를 받은 기록이 있다면 교육부가 처벌할 명분이 사라지는 효과적인 우회 파업 방식이다. 특히 학교별로 참여자 수가 집계되는 사이트는 서로에게 용기를 주고 9월 4일 공교육 멈춤 참여에 적극적으로 나설 수 있는 분위기를 만들어 주었다.

　'오늘안녕' 집행부는 8월 14일 집행부를 모집하여 8월 27일까지 운영하였다. 모집 이후 9월 4일 집회 운영 계획부터 재정 문제, 상징일 지정까지 열흘 남짓 매우 많은 준비를 했다.

　'오늘안녕' 집행부는 교사 15명으로 구성되었다. 집행부 내부에서는 공교육 멈춤을 성공적으로 진행하고 지방에서 참여하려면 오후 2시

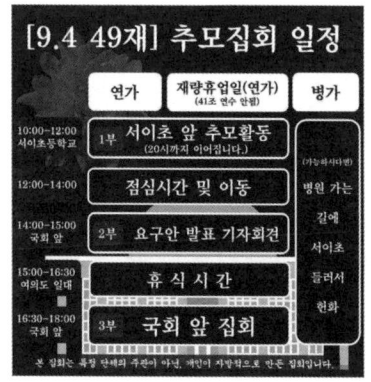 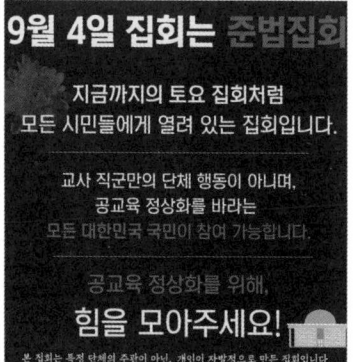

9.4 집회 안내 웹자보

쯤 집회를 시작하는 것이 가장 좋다는 의견이 있었지만, 수업을 마친 후 조퇴를 하는 교사들도 참여할 수 있도록 16시 30분부터 시작하는 것으로 계획하였다. 다만 오전부터 저녁까지 서이초 앞 국화 두르기 행동을 제안하고, 6개 교원단체에 공동요구안을 발표하는 기자회견을 제안하였다. 각 교원단체는 휴직자 또는 전임자를 활용하여 연가, 병가의 부담 없이 참여가 가능할 것이고 이 기자회견에 수백 명이 함께 참여하여 구호를 외치는 등의 행위는 기자회견의 외형을 갖추었지만, 실제 집회의 성격을 띨 수 있다는 것이 이유였다. 유가족에게 연락하여 9월 4일 집회를 허락받고, 서이초 선생님의 부모님도 교사들을 위해 이날 집회에 참여하시겠다는 답을 보내왔다.

단체행동이 금지된 교사들이 평일 집회를 운영하는 것은 큰 용기가 필요한 일이다. '오늘안녕' 집행부는 홍보 초기부터 '교사집회'를 강조하거나 '전국교사일동'이라는 운영 주체를 명시하는 것이 아니라, '시민' 집회라고 강조하였다. 프레임을 확장하여 교사 징계 사태를 막으려는 결정이었다. 집행부는 나중에 수사나 징계를 받는 인원을 최소화하기 위해 인디스쿨의 '오늘안녕'이 언론사로 보도자료를 배포할 계정을 만들고, 서이초와 국회 앞 각각의 장소에 집회 신고를 한 2인까지 총 3인만 공개하는 것을 목표로 집행부를 모두 비공개로 운영하였다.

그리고 9월 4일 집회는 인디스쿨을 통한 재정 모금이 불가능한 상황이었다. '오늘안녕' 집행부는 여러 단체에 재정 모금을 제안하였으나, 딱 한 곳 사람과교육연구소의 정유진 선생님께서 승낙하여 성사되었다. 이후 집회 집행부가 바뀌었고, 집회를 국회 한 곳이 아니라 전국적으로 확대 운영할 때도 정유진 선생님은 흔들림 없이 집회 재정을 책임져 주셨다. 9월 4일 집회를 운영한 전국의 집행부는 모두 입을 모아 9월 4일 집회를 가능하게 만들어 준 것은 정유진 선생님의 재정 참여가 큰 도움이 되었다고 말했다.

한편, '오늘안녕' 집행부는 스승의날을 폐지하고, 9월 4일을 '교사 인권의 날'로 제정하자는 청원을 진행하여 행안부와 교육부에 청원한 것을 공개하였다.

9월 4일을 '교사 인권의 날'로 지정해야 합니다

안녕하세요. 저는 00년 차 초등교사입니다. 우리 교육이 많이 아픕니다. 그래서 요즘 많은 선생님이 검은 옷을 입고 거리에 나와 공교육 정상화, 교육권 확보를 외치고 있습니다.

정당한 교육 활동에도 교사를 옥죄는 아동학대 신고 협박과 악성 민원은 교사를 숨 막히게 한 지 한참이 되었습니다.

다른 친구들의 학습을 방해하는 학생이 있을 때, 그 학생의 문제 행동에서 다수의 친구를 보호하려고 교육적으로 지도하려고 하면 교사는 아동학대자가 됩니다.

"그런 일은 극소수 아닌가요?"라고 말씀하시는 분들께 학교의 현실을 알려 드립니다. 극소수 아닙니다. 모든 학교, 대부분의 교실에서 벌어지고 있는 문제이며 교사들은 교육하기 어려운 지경에 이르렀습니다. 이 상태로는 교육이 불가능합니다. 가장 큰 피해자는 우리 학생들입니다.

5월 15일 스승의날을 폐지해 주십시오. 스승의날 전에 교사들은 '김영란법' 안내장을 쳐서 모든 가정에 배부합니다. 저는 촌지도 선물도 받을 생각이 없습니다. 그런데 스승의날 아침 출근길 라디오부터 퇴근해서 저녁 방송까지 '옛날에 우리 엄마는 선생님에게 어떤 선물을 보냈다. 얼마를 보냈다', '과거 내 학창 시절에 어떤 선생님이 날 때렸다. 정말 무식한 사람이다' 하는 투의 방송 때문에 교사는 스승의날에 고개를 들 수 없습니다.

여러 매체에서 교사를 매너리즘에 빠진 열정 없는 부도덕한 모습으로 그립니다. 정의로운 교사는 '저경력인 기간제 여성 교사'로만 그려지며, 현실에는 없는 사람이라는 비평이 이어집니다. 현장에 있는 교사들은 누구나 사명을 다해 일합니다. 가정의 아동학대에서, 학생의 어려운 상황에서, 재난 상황에서 목숨을 걸고 학생들을 지킨 것은 항상 교사들이었습니다. 목숨 걸고 일하면서, 전 국민에게 조롱당하며 살아가는 현실에서 빠져나오고 싶습니다.

현재 교사들은 존경을 바라지 않습니다. 한 인간으로서 인권이 보장되길 바랍니다. 딱 하나만 더 욕심낸다면 교육이 가능한 환경에서 학생을 가르치고 싶습니다.

제발 5월 15일 스승의날을 폐지해 주십시오. 그리고 9월 4일을 '교사 인권의 날'로 지정해 주십시오.

9월 4일은 서이초 선생님의 49재입니다. 우리 동료 교사들은 서이초 선생님을 지키지 못했습니다. 하지만 서이초 선생님은 많은 선생님을 살려 주고 계십니다. 이제 정부에서 응답해야 합니다. 국민 인식을 바꾸어 남아 있는 선생님들의 목숨을 지키고 인권을 보장받을 수 있도록 9월 4일을 '교사 인권의 날'로 지정해 주십시오.

이후 공교육 멈춤에 참여하겠다는 교사들은 계속 늘었다. 8월 17일 한국초등교장협의회 연수회에서 교육 브리핑을 하는 이주호 장관에게 많은 교장이 '교권 확립! 법령 개정!!' 피켓을 들고 구호를 외치거나, 늘봄업무를 교사가 맡아 달라는 정책을 브리핑하는 장관에게 지속적으로 야유를 보냈다. 많은 교사는 관리자와 교사가 대립하는 여러 문제를 뒤로하고 하나가 된 느낌이며 매우 든든하다고 했다. 교사회에서 9월 4일 학교 운영 방안을 토론하거나, 재량휴업일 지정을 논의하는 학교도 많아졌다.

문제는 교육부가 9월 4일 공교육 멈춤의 날에 참여하는 교사에게 파면, 해임 등의 징계를 하겠다고 엄포를 놓으면서 시작되었다. 〈공교육 멈춤의 날〉 웹사이트 집행부는 9월 4일 '집회를 하면' 공교육 멈춤이 집단행동으로 간주되어 처벌받을 것이고, '집회를 하지 않으면' 공교육 멈춤은 처벌하지 못한다는 주장을 펼치며 공교육 멈춤과 집회를 분리할 것을 선언하였다. 집회를 진행하지 않는 공교육 멈춤은 학교장들이 재량휴업 지정에 적극적으로 나서게 하여 결과적으로 안전할 것이란 낙관이었다. '오늘안녕' 집행부에서 진행하는 '9월 4일 오전 서이초 추모, 오후 국회 집회'가 교사들을 위험에 빠뜨리는 분열적 움직임이라는 분위기를 일부 교사들이 형성하고 있었다.

집회의 한 유명 교사는 '오늘안녕' 집행부 명단 공개를 공개적으로 요구했고, 한 단체의 대표자는 서이초 앞 집회 신고자를 색출하기 위해 정보공개를 청구하겠다고 하였다. 이는 집회 집행부 공개를 최소화하여 형사 고소와 징계를 피하려던 '오늘안녕' 집행부에게 아주 큰 위협이었다.

공교육 멈춤 웹사이트에서는 9월 4일 국회 집회와 공교육 멈춤은 별개라는 안내를 시작으로, 집회를 취소하지 않으면 학교별로 멈춤 참여 교사 수를 공개하지 않겠다고 했다. 그런데 9월 4일 직전에는 교사 개개인의 안전을 위해 당일 출근하여 정상 근무할 것을 제안하였다. 또한 한 교원단체의 변호사는 학교장 재량휴업일을 결정하거나 9월 4일 교사 병가를 결재할 경우, 징계로 인해 교장 중임이나 승진 등에 불이익이 갈 것이라는 법적 해석을 내놓았고, 이는 관리자 커뮤니티에 급속도로 퍼졌다.

이전과 달리 집회 추진에 대한 강력한 반대 상황에 놓인 집행부는 당초 계획을 축소하며 수정해 나갔다. 서이초 앞 추모 활동은 이미 학교와 협의하여 활동을 계획한 단체가 있어서 폐기하였다. 기자회견은 집회 반대를 주장하는 사람들의 단체 개입 음모론으로, 5개 교원단체의 공동요구안 발표는 이미 진행했다는 이유로 폐기하였다. 결국 8월 27일에 국회 앞 집회만 운영한다고 공식 발표하였다.

'오늘안녕' 집행부는 제보를 통해 집회 무산 세력이 조직적으로 움직이고 있다는 것을 알고 있었다. '운동권이 분명할 거다. 누가 징계받겠다고 집회를 하냐. 집회를 막기 위해 전교조와 엮어서 의심의 씨앗을 온라인에 계속 뿌리면 된다'고 온라인 대화방에서 모의하여 조직적으로 여론을 만든 상황을 제보를 통해 파악하였다. 공개할 수 있는 정보를 모두 공개하고 패들렛 소통을 여는 등 다양한 방법으로 오해를 풀고자 하였으나, 집회를 강행하는 '오늘안녕' 집행부가 교사들을 위험에 빠뜨린다는 공격에 절대로 징계받을 일이 없다는 믿음을 주지 못했고, '배후에 단체가 존재하고 다른 의도가 있을 것이다'라는 음모론을 해소하지도 못했다.

결국 8월 27일, '오늘안녕' 집행부는 해산했다. '오늘안녕' 집행부가 집회를 취소한 뒤 재량휴업을 진행하던 대부분의 학교는 '집회가 취소되었으니 재량휴업을 논의할 필요가 없다'는 이유로 결정을 번복하였다.

공교육 멈춤 웹사이트 집행부가 집회를 집단행동의 근거로 주장한 것은 변호사 법률 자문을 오해한 것이 원인이다. 집회를 하지 않으면 집단적인 연가, 병가 등의 멈춤은 집단행동으로 해석되지 않을 것이라는 착각을 한 것이다. 교육부의 판단 근거는 언제나 '수업권 사수'였다. 교육부의 목표를 '수업권 사수'로 보지 않고 '집회 해산'이라고 오해한 것이 9월 4일 집회 운영 찬반 논란을 일게 했다.

9월 4일 집회 운영팀 해산으로 인한 집회 취소가 보도되고, 이날 집회의 찬반 논란 자체를 알지 못한 교사들과 묵묵히 이들을 지지하던 다수의 교사들이 큰 충격을 받았다. 인디스쿨의 정보를 잘 알지 못하는 중등교사, 예비교사가 중심이 되어 오픈채팅방에서 9월 4일 국회 행동을 이어 가고자 하는 움직임을 시작했고, 인디스쿨에서도 집회 운영을 원하던 교사들이 오픈채팅방에 합류하였다.

교사들은 '오늘안녕' 집행부가 해산한 경위를 공유하고, 이날 국회 앞에 국화를 들고 각자 모여 걷자고 하였다. 이 제안을 시작으로 중등교사이자 해당 오픈채팅방의 운영자였던 닉네임 '함께 맞는 비'가, 교대를 졸업하고 기간제 교사를 하며 집회에 참여해 왔던 닉네임 '고포도'와 함께 집회 집행부를 새롭게 구성하였다. 이렇게 '함께 맞는 비' 집행부가 9월 4일 집회 집행부를 이어받았다. 유치원, 초등, 중등교사, 예비교사가 모두 참여하는 '함께 맞는 비' 집행부는 인디스쿨이 아니라 오픈채팅방을 중심으로 집행부를 모집하고 집회 정보를 나누었다. 이 오픈채팅방에도 집회를 반대하는 사람들과 찬성하는 사람들의 설전이 자주 벌어졌다.

'함께 맞는 비' 집행부 총괄은 중등교사와 예비교사였다. 짧은 기간 집회 준비를 해야 했기 때문에 집행부 모집 직후 줌 회의를 열어 팀을 나누고 집회 준비를 바로 시작했다. 집회 집행부를 비공개하기 위해 닉네임으로 모집하고 카메라를 끄고 회의를 진행했다. 그러자 집회 반대 팀에서 활동하던 교사 몇 명이 들어와서 집행부 구성과 진행 상황을 확인하였다. 또한 한 유명 교사가 9월 4일 집회를 못 하도록 상징적인 장소에서 맞불 집회를 할 거라는 정보를 집행부에게 개인적으로 건네 주기도 했다.

'함께 맞는 비' 집행부는 '오늘안녕' 집행부보다 비교적 반대 공격을 덜 받으며 집회를 준비하는 것으로 보였다. 반대 논쟁이 활발할 때 상황을 몰랐거나 침묵하며 지지했던 교사들이 집회를 지키겠다고 나서기 시작했고, 집회를 강력하게 반대하며 여론을 주도했던 사람이 온라인 스트리밍을 통해 칭찬샤워와 종이접기 등을 제안했다가 거센 항의로 취소했다는 것이 알려져 분노가 더 커졌기 때문이다.

28일에 결성하여 9월 4일까지 집회를 준비하기에 시간이 부족한 '함께 맞는 비' 집행부를 가장 크게 도왔던 것은 '오늘안녕' 집행부였다. 징계와 고발 위협에도 집회 신고를 철회하지 않고 그대로 넘겨주었다. 그리고 '오늘안녕' 집행부 대부분은 '함께 맞는 비' 집행부에 결합하거나, 지역 집회 집행부에 합류하였다. 집회 프로그램으로 사전에 준비했던 많은 것들을 제안하고 운영할 수 있게 도움을 주었다고 한다. 사람과교육연구소 정유진 선생님은 재정 모금을 위한 준비를 국회 집회와 더불어 지역 집회를 여는 집행부에게도 열어 주었다.

9월 4일 49재 추모 집회 프로그램 중 교사 발언과 간디학교의 참여를 제외하고는 종교계 지도자 발언, 정신과 의사 김현수 원장 발언 등은 사전 준비가 진전된 상황이어서 쉽게 진행할 수 있었다고 한다. 카네이션도 '오늘안녕' 집행부에서 주문처를 섭외해 둔 상황이었다. '함께 맞는 비' 집행부 진행팀 선생님 한 분이 노래 '꿈꾸지 않으면'의 작사가 양희창 선생님에게 개인적으로 연락하여 섭외하였고, 양희창 선생님은 간디학교 학생들이 이날 집회에 참여하기로 했으니 함께 무대에서 노래를 부르고 싶다고 하였다.

'함께 맞는 비' 집행부에서 특별히 더 진전시킨 것은 징계권자인 교육감이 집회에 참여하도록 전국에 교육감 섭외 요청을 한 것과 민주당과 국민의힘 교육위원회 국회의원의 참여를 다수 이끌어 낸 것이다. 이날 국회의원들은 발언 기회를 주지 않았음에도 집회 시작부터 끝까지 집회에 함께했다. 민주당, 국민의힘 교육위원회 소속 다수 국회의원과 정의당 대표 및 여러 국회의원이 참여했다. 그리고 함께 연대해 지역 집회를 운영하길 바라는 준비팀과 소통하여, 피켓이나 구호 등을 맞추었다.

절정은 이주호 교육부 장관의 9월 3일 교사 간담회 개최였다. 장관은 파면, 해임 등 징계 겁박을 멈추지 않고 강력하게 교사들을 압박하는 동시에, 교사들의 이야기를 듣겠다며 공교육 멈춤 하루 전날 소수의 교사를 초대해 이야기를 나누며 이를 온라인 생중계로 내보냈다. 교사들은 이날 간담회에 절대 어느 누구도 참여해서는 안 된다고 하였으나, 참여자는 있었으며 간담회는 열렸다. 이날 참여한 교사들은 어떤 경로로 어떤 대표성을 띠고 자리에 참여했는지 알려진 바 없으며 긴 팔의 검은 정장을 입고 현장 교사들의 이야기를 교육부에 전했다. 간담회 끝에서야 이주호 장관이 등장해 "학생 곁에 있어 달라"로 호소문을 발표하고 퇴장하였고, 웃음 띤 얼굴로 빠져나가는 사진이 보도되어 교사들의 분노는 더 커졌다.

9월 4일 교사들의 행동은 '공교육 멈춤을 위한 연가, 병가 참여, 병원 들렀다 서이초 추모만', '공교육 멈춤을 위한 연가, 병가 참여, 병원 진료, 서이초 추모 후 국회나 지역 집회 참여' 등으로, 교사들끼리 더 이상 대립하지 말고 각자의 선택을 존중하고 나아가자고 정리하였다. 교육부가 파면, 해임으로 겁박하면 더 많은 사람이 참여하여 징계하지 못하게 하자는 구호가 자연스레 커졌다. 이날 출근하는 선생님들이 질서유지인에 이름을 올려서 실제 참여하는 선생님들을 보호하자는 제안도 있었다.

국회 집회에서는 전국 집회 참여 인원을 합산하여 발표하였다. 1,000명만 모여도 성공한 것이라고 시작했던 집회는 9월 4일, 국회 앞 5만, 전국 12만의 교사들이 모였다. 교사들의 힘으로 서이초 교사 49재 추모를 위한 파업 투쟁을 성사했다. '오늘안녕' 집행부가 해산되어 국회로 오려던 발길을 서울시교육청 행사장으로 돌렸던 서이초 선생님의 부모님도 9.4 국회 집회가 다시 열린다는 소식을 듣고, 서울시교육청 행사를 마치고 국회에 참여하여 헌화하였다.

유가족협의회를 구성하고 활동하는 서이초 선생님 사촌오빠도 집회 후에 집행부에게 찾아와 오전에 49재 추모제에서 만난 교육부 장관에게 선생님들을 징계하지 않도록 간절히 청하였고 교육부 장관이 '교사들을 징계하지 않겠다'고 답했으니 걱정 말라는 말을 전했다.

9월 4일 집행부 운영은 기존의 교사집회와 다른 점이 있었다. 이들은 오전에 모일 때부터 선글라스와 모자, 마스크 등을 하고 모였고 조끼를 입지 않았다. 집회 총괄인 '함께 맞는 비'와 집회 신고를 한 '오늘안녕'은 이날 국회 앞 광장에는 나오지 않고 인근 카페에 대기하여 사진 촬영 등에 노출될 일이 없게 하였다.

기존 집회 운영에서는 총괄자가 집회 사회를 보는 경우가 많았으나, 총괄자가 아닌 집회 집행부 중 1인이 복면을 쓰고 집회 사회를 보았다. 안전팀이나 안전봉사자는 구역장의 이름이나 봉사자의 이름을 공개하지 않고 모두 '춘식이'라는 명찰을 찼다. 여러 번 안전팀장을 한 춘식

안전팀장은 경찰 측과 잘 협의하여 질서유지인 명단 등의 문제를 유연하게 처리하였다.

또한, 9월 4일 집회는 언론에 보도 요청을 하지 않았다. 하지만 교사들의 대규모 파업과 시민들이 지지하는 집회여서 매우 많은 언론사가 취재를 했다. 국내 언론뿐 아니라 많은 외신도 이날 현장을 취재하고 교사들의 인터뷰를 담아 갔다.

'함께 맞는 비' 집행부는 외부인을 경계했다. 집회 집행부 전체 방에서 회의를 하지 않고 진행팀에 집회 총괄이 합류하고, 타 팀원과 각각의 업무를 협조하는 방식으로 운영하였다. 집회 집행부로서 각 팀에서 역할을 하지 않고, 집회 상황만 확인하는 사람을 의식한 결정이었다. 평가나 인수인계를 위해 집행부 오픈채팅방을 일정 기간 남기기도 하지만 집회가 끝나자마자 대화방을 삭제하여, 총괄인 고포도 선생님은 인디스쿨에 인사를 남기기도 하였다.

교사 중에도 송곳 같은 사람이 있다. 다음 한 걸음이 절벽일지 모른다는 공포 속에서도 기어이 앞으로 나아가는 이들. 반드시 해야 할 일이 있다면, 그리고 그로 인해 누군가 징계를 받아야 한다면 자신이 기꺼이 받겠다고 나서는 이들.

전국에서 9월 4일 집회를 만들어 낸 집행부. 그리고 이들을 지키겠다고 거리로 나선 수많은 검은 점들. 그날, 그들은 함께 서 있었다.

2장

검은 점의 연대

전국교사집회 개괄

서이초 교사 순직 이후, 전국의 교사들은 교육 환경 개선과 교권보호를 요구하는 대규모 집회를 열었다. 전국교사집회는 2023년 7월 29일 교사 온라인 커뮤니티 인디스쿨의 제안으로 시작된 1차 집회를 기점으로 10월 28일 11차 집회까지 진행하였다. 특히 9월 4일에는 교육부의 징계 겁박에도 불구하고 공교육 멈춤의 날로 명명한 대규모 집회를 국회 앞을 비롯해 전국 각지에서 동시다발적으로 진행하였다.

전국교사집회는 회차를 거듭할수록 단순한 추모를 넘어 교사들이 처한 현실을 알리고 정부와 국회, 교육 당국에 제도적 개선을 촉구하는 자리로 확대되었다.

전국교사집회는 1차 5,000명을 시작으로 7차 집회 30만 명을 정점으로 기록하며, 11차 집회를 마지막으로 마무리되었다. 서울 집회를 기준으로 누적 78만 명, 버스 5,000대의 인원이 참여해 교육 운동의 역사를 새롭게 썼다는 평가를 받는다.

11차에 걸친 집회 끝에 교권 5법(교육기본법, 유아교육법, 초·중등교육법, 교원지위법, 아동학대 처벌법 개정안)이 국회 본회의를 통과하였다. 교육부가 '교원의 학생 생활지도 고시'를 마련하였으며, 교육 활동 보호 지원책과 예산을 수립하였다.

2023년 여름을 달구었던 전국교사집회는 대한민국에 교원노조 설립을 가능하게 했던 1989년 전교조 결성 투쟁 이후 가장 위력적인 투쟁이라는 평가를 받고 있다. 그러나 전국교사집회가 남긴 여러 성과에도 불구하고, 여전히 교사들은 교육할 권리를 제대로 보장받지 못하고 있다는 자조 섞인 말을 하고 있다.

이 현상을 해석하고 전망과 과제를 도출하고자 11차에 걸친 집회에서 교사들은 무엇을 요구했는지, 집회 상황과 문화 그리고 집회 속 사람들을 전교조 신문 〈교육희망〉이 기록한 내용을 바탕으로 살펴보려 한다.

〈교육희망〉이 기록한 전국교사집회

1차 집회 2023/07/22
전국교사 긴급추모행동… "이제 더는 단 한 명의 동료도 잃을 수 없다"

공동 성명서를 낭독하는 인천 2030위원회 교사들

전국의 교사들이 "이제 더는 단 한 명의 동료도 잃을 수 없다"며 서울 주말 도심을 가득 메웠다. 교사들은 청계천에서, 보신각에서, 서이초에서, 서울시교육청에서 서이초 교사를 추모하고 '조속한 진상 규명'과 '교권 대책 수립'을 요구했다.

전국교직원노동조합은 22일 13시, 서울 청계천 광통교에서 교사 500여 명이 참여한 '전국교사 긴급추모행동'을 열고 서이초 교사 사망 사건에 대한 빠른 진상 규명과 교육 당국에 교권보장 등 책임 있는 대책 마련을 촉구했다.

추모행동은 참가 교사들의 발언과 추모 묵념, 추모 글쓰기 등으로 채워졌다.

정수진 강원 원주중 교사는 "교실이 더 이상 안전하게 교육할 수 없는 곳이 되었다. 폭언과 폭행 속에서 선생님들이 갈 곳이 없다. 동료인 3년 차 선생님도 최근 막무가내식 민원 전화를 받고 속앓이를 하다 급하게 조퇴 내고 도망치듯 집으로 갔다. 왜 선생님들이 도망가야 하나? 왜 교직을 이렇게 떠나야 하나?"라며 울분을 터뜨렸다.

김건 서울 신사초 교사는 "저와 고인을 포함한 많은 신규 저경력 교사들은 혼자 해결할 수 없는 상황들이 펼쳐지는 때가 많다. 소중한 생명을 잃는 현실이 매우 처절하고 슬프다. 선생님의 죽음이 잊히지 않고 현장이 변화하기를 간절히 바란다"고 호소했다.

생활부장을 하고 있는 청주 한 초등교사는 "아이들의 문제 행동이 다 교사 탓이 되고 있는 현실에 절망하고 우울했다. 전국의 수많은 선생님이 자책하고 있을 것 같다. 우리가 힘든 것은 우리의 능력 부족 때문이 아니라고, 교사 탓이 아니라고 말하고 싶다"라고 위로의 말을 전했다.

김은비 경남 청년위원장은 "전국 교사들이 학교에서 보람 있는 시간만큼이나 힘든 시간을 보내고 있다. 이 사건으로 우리의 힘듦과 슬픔이 드러난 것이다. 마음속에서 지웠던, 학부모들의 선을 넘는 말에 불안해서 잠을 못 자던 일이 다시 떠올랐다. 개인 교사에게만 책임을 지우지 않고 학교가 보호자들과 함께 아이를 돌보고 키우는 공동체가 되기를 바란다"고 말했다.

전희영 전교조 위원장은 "부푼 꿈으로 교단에 섰지만, 선생님이 느꼈을 절망을 우리 교사들은 너무나 잘 알고 있다. 선생님이 떠났다는 그 잔인한 소식을 들었던 그 순간부터 우리는 모두 서이초 선생님이 되었다"라는 말로 슬픔에 빠진 전국 교사들의 마음을 대변했다.

전 위원장은 선생님이 왜 스스로 떠날 수밖에 없었는지 철저한 진상 규명을 요구하며 무너져 버린 우리의 교육권을 보장받기 위한 교육 당국과 국회에 실질적인 대책 마련을 촉구하며 "교육 가능한 학교를, 선생님들이 마음껏 가르칠 수 있는 교실을 위해 전 사회가 함께 나설 것"을 호소했다.

이어서 전교조 인천지부 2030위원회 교사들은 침통한 심정으로 무대에 올라 "우리는 모두 고인이 겪으셨을 것이라 생각되는 고통을 짐작할 수 있다. 지금도 어딘가 교사 개인의 희생으로 방치되고 있는, 숨

겨지고 있는 문제가 있음을 알고 있다. 이제 더는 단 한 명의 동료도 잃을 수 없다. 교사를 지키지 못하는 현장에 어떻게 교육이 공존할 수 있는가? 끝까지 기억하고 행동할 것이다"라고 공동 성명서를 낭독했다.

긴급추모행동을 마친 교사들은 보신각으로 향했다.

보신각 앞 '공교육 정상화를 위한 전국교사집회'

22일 14시, 서울 보신각 앞에는 전국에서 교사 온라인 커뮤니티와 SNS를 통해 자발적으로 모인 5,000여 명의 교사들이 '공교육 정상화를 위한 전국교사집회'를 개최했다. 이들은 '진상 규명을 촉구한다', '교사의 생존권을 보장하라', '교사의 인권을 보장하라', '교권 수호 이뤄

내자'라고 구호를 외치며 서이초 교사를 추모했다.

한편 전교조 서울지부는 16시, 서울교육청 앞에서 20일, 21일 이틀 이어 3차 추모행동을 개최했다. 전국 각지에서 교사들이 자발적으로 보낸 추모 화환이 가득 메워져 있는 서울시교육청 앞에 100여 명의 교사들이 참여했다. '나무에 검은 리본 달기', '현수막에 추모의 말 남기기' 등의 추모행동과 자유발언이 이어졌다.

한 퇴직 교사는 자유발언에서 "서이초의 가정통신문을 보고 화가 많이 났다. 책임을 지겠다는 발언보다 책임을 회피하는 사실 확인을 먼저 내놓는 관리자들의 태도에 분통이 터졌다"며 관리자들이 책임을 회피하는 교육 현장이 과연 교사들의 안전한 일터인지 되물었다.

서울지부의 한 지회장은 서이초를 다녀온 소감을 말하며 "환경적, 인적, 제도적 교육 환경이 너무나 열악한 학교 현실을 당국이 조속히 개선하려는 노력을 기울여야 한다"고 말했다. 서울시교육청 앞 추모행동은 18시, 빗속에서 마무리되었다.

전교조는 22일, 23일 양일간 '서이초 교사를 추모하며, 재발 방지 대책 교사 긴급 의견조사 설문조사'를 진행하여 전국 교사들의 요구를 모으고 있다. 25일, 교육 당국과 국회에 교권보장 종합대책을 촉구하는 기자회견을 개최할 예정이다.

2차 집회 2023/07/29
2차 전국교사집회… 4만 교사들의 교육권 보장 함성

정부서울청사 앞에 모인 4만여 명의 교사들

 서이초 교사를 추모하며 진상 규명을 요구하던 전국 교사들의 외침이 안전한 교육 환경 조성과 공교육을 정상화하라는 목소리로 확대되고 있다.

 7월 29일, 정부서울청사 앞에서 전국 교사 4만여 명이 자발적으로 참가한 '교육 환경 조성 및 교사 교육권 보장을 위한 집회'가 열렸다. 이 집회는 서이초 교사를 추모하며 지난 22일 보신각 앞에서 열린 공교육 정상화를 위한 전국교사집회에 이어 일주일 만에 다시 열린 두 번째 집회이다. 집회 무대 현수막에는 '교실, 교육을 위한 공간으로! 교육, 모두를 위한 희망으로!'라는 슬로건이 걸렸다.

지방에서 대절 버스로도 올라온 수만 명의 집회 참가자들은 검은 옷과 검은 마스크 차림으로 정부서울청사 앞에 모여 고인을 추모하는 묵념을 시작으로, '교사의 교육권 보장하라', '안전한 교육 환경 조성하라' 등의 문구가 적힌 피켓을 들고 학생지도권과 교사의 교육권 보장을 촉구했다.

집회 관계자는 "전국의 유·초·중·특수 교사뿐 아니라 학부모, 학생 등 우리나라 공교육의 현실에 문제가 있다고 공감하는 모든 분과 함께하고자 한다"며 집회의 취지를 알렸다.

한 초등교사는 자신의 학생지도 사례를 소개하며 "교권과 학생 인권은 서로 연결되어 있다. 모두의 인권이 보장되어 있는 학교, 안전한 학교를 만들어 달라"고 정부 당국에 호소했다.

경인교대 한 학생은 "예비교사로서 추모 현장에 다녀와서 수많은 곳에서 이런 일이 발생한다는 것에 더 큰 충격을 받았다"며, "지금도 교대에서 임용을 포기하는 선배들이 점점 늘어나는 안타까운 현실"이라고 발언하며 밝지 않은 교육계의 미래를 말하였다.

한편, 서울교육대학교 102인의 교수들도 이날 성명서를 발표하여 '교육 정상화가 교사 인권 회복의 시작이다'라고 강조하며 '7.18 교육공동체 인권연구소(가칭)'를 설립하고, 교육공동체의 인권 향상을 가능하게 하는 실용성 있는 방안을 제안해 나가겠다고 밝혔다. 이날 집회에도 11명의 교수들이 단상에 올라 "함께하는 데 시작은 늦었지만, 공교육 이야기 끝에는 함께 있을 것이다"라며 연대의 뜻을 전달했다.

집회 후 참가 소감을 온라인 커뮤니티에 올린 교사 중 한 명은 "교사가 아동학대로 신고만 되면 사실관계 조사도 하기 전에 직위 해제당하고 불이익을 겪는 일들을 정부는 방치해 왔다. 학교에서 일어나는 모든 책임을 교원평가, 개별 교사 처벌 등으로 말단 교사들에게 떠넘겨 왔던 현실에 분노한 교사들이 이제 절박한 외침을 하고 있다"라고 말하며 "지금의 분노가 일부 법 개정을 넘어 학급당 학생 수 감소, 교사 확충과 같은 좀 더 근본적인 교육 환경 개선을 위한 운동으로도 발전해야 한다"라고 강조했다.

서이초 교사의 죽음으로 지금까지 숨죽여 왔던 교사들의 생존권, 교육권에 대한 절실한 바람이 물꼬가 터졌고, 그 거대한 물결은 쉽게 가라앉지 않을 전망이다.

3차 집회 2023/08/05
3차 전국교사집회… "우린 부품이 아니다"

8월 5일 14시, 서울 기온 35도. 정부서울청사 앞에서 전국 교사 5만여 명이 자발적으로 참여한 세 번째 전국교사집회가 열렸다. 지난주 집

피켓을 들고 구호를 외치는 3차 집회 참가 교사들

회 무대 현수막 '교실, 교육을 위한 공간으로! 교육, 모두를 위한 희망으로!'가 걸렸던 자리에는 '법으로 교사의 교육권을 보호하라! 학생, 학부모, 교사 모두가 존중받는 학교로!'라는 슬로건이 걸렸다.

  잠시 서 있기도 힘든 뜨거운 아스팔트 위에서 검은 옷과 검은 마스크 차림을 한 집회 참가자들은 서이초 교사를 추모하는 묵념으로 집회를 시작했다.

  서이초 교사의 유족 대표인 사촌오빠가 첫 발언자로 무대에 올랐다. "동생이 죽은 후 그 발자취를 따라가 봤다. 폭력적인 아이들, 그것을 제지하지 못하는 무기력함을 느꼈던 상황. 학부모에게 도움을 요청했지만 돌아온 질책들. 앞으로도 바뀌지 않을 것 같은 무기력에 지쳐 몸과 정신이 시들어 가는 동생의 모습을 확인할 수 있었다"라며 제대로 된 사건 진상 규명과 재발 방지 대책을 눈물을 흘리며 호소했다.

경남의 김지성 교사도 발언자로 나와 "우리나라 교육기본법, 교원지위법 등 어느 법에도 교권이란 무엇이다고 밝힌 정의가 없다"라며 명확한 교권보장을 명시하고, 더 이상 교사의 죽음을 방치하지 말아야 한다며 국회와 교육부를 향해 성토했다.

한 유치원 교사도 발언자로 나서 학부모 갑질과 그로 인한 아동학대 신고를 당했던 경험을 이야기했다. 이 과정 중 학교장이 도움은커녕 도리어 자신을 고발했던 과정을 이야기하며 아동학대 처벌법이 현장에서 얼마나 교사들을 위축시키고 교직을 황폐화시키고 있는지 증언했다.

교직 26년 차 학폭 담당 교사는 "학교가 언제부터 학부모의 갈등까지 다루는 장이 되었나"라며 "충북 교육감이 교사들을 예비 살인자라 했지만 우린 예비 자살자이다. 우리는 망가지면 버리는 부품이 아니다"라고 외쳤다. 악성 민원을 제기하는 학부모로부터 보호받지 못하는 교사들의 현 상황을 돌보지 않는다면 더 많은 희생이 따를 것이라고 경고했다.

이날은 교사뿐 아니라 고등학교 학생, 교감·교장단도 무대에 올라 성명서를 발표하거나, 연대의 뜻을 전했다. 관리자들도 절박한 교사들의 외침에 함께하고 있음을 표현했고, 참가자들은 박수로 화답했다.

일부 관리자들은 이날 집회 참여 교사들을 위해 전세 버스비를 지원하기도 하였다.

집회 마무리 발언에서 사회자는 "여러 교원단체가 주도권 싸움을 하려 들지 말고, 함께 공동안을 내어 달라"고 외쳤고, 참가자들은 동의의 함성을 질렀다.

집회 참가자들은 "교사에게 가르칠 환경을! 학생에게 배울 환경을!"이라는 구호를 외치고, '꿈꾸지 않으면'을 합창하며 집회를 마무리하였다.

집회 현장에 직접 참여하지 못한 교사들은 유튜브 생중계로 참가해 댓글창에 구호를 쓰거나, 자신들의 바람을 적으며 간접적으로나마 집회에 적극적으로 참여하는 모습을 보였다. 댓글창에 가장 많이 올라온 구호는 '서이초 진상 규명 촉구', '아동학대법 개정'이었다. 이는 어제 교육부와 서울시교육청 합동조사단의 결과 발표가 기대에 미치지 못한 것에 대한 실망감과 법 개정 없이는 생존권까지 위협받는 이 상황이 전혀 바뀌지 않을 것이라는 절박함의 표현으로 보인다.

서이초 교사 49재인 9월 4일까지 전국 교사들의 자발적인 집회는 매주 토요일 계속 이어질 예정이다.

4차 집회 2023/08/12
4차 전국교사집회… "교육부는 응답하라! 국회는 행동하라!"

공동 결의안을 읽는 6개 교원단체 대표들

8월 12일 14시, 비가 쏟아지는 가운데 서울 광통교 일대에서 4차 전국교사집회가 열렸다. 전국에서 80여 대의 버스로 참여한 인원을 합쳐 약 4만여 명(주최 측 추산)의 교사가 모였다. 참여 교사들 손에는 '아동복지법 개정', '생활지도권 보장'이라는 피켓이 들려 있었다.

집회는 서이초와 의정부 호원초 사망 교사들 그리고 알지 못하는 교사들의 죽음을 생각하는 묵념으로 시작되었다.

1부 '우리는 요구한다' 첫 자유발언자로 교실 붕괴 경험이 있는 고등학생 두 명이 무대에 나와 "현재 벌어지고 있는 문제는 선생님들만의 문제가 아니다. 안전한 교육 환경을 보장받지 못한다면 그 피해는 학생들의 학습권, 안전권 침해로 이어진다. 우리는 안전한 학교에서 마땅히 배워야 할 가치를 배우고 싶다. 법 개정을 통해 교권과 학생 인권은 공생 관계임을 확실히 해 달라"고 요구했다.

지난 2차 집회 때 서울교대 교수들의 성명서 발표에 이어 이번 4차 집회에서는 전국교육대학교 교수협의회, 서울수석교사회의 성명서가 발표되었다.

전국교대교수협의회장은 "현 사태를 한 교사의 불행이 아니라 전체 교사와 공교육의 붕괴로 엄중히 받아들이고 있다. 추락할 대로 추락한 교권이야말로 공교육을 붕괴시킨다. 이대로 교권을 방치하지 않고, 무기력한 교사가 더 이상 없도록 무분별한 아동학대 신고와 악성 민원에 교수들도 대응하도록 하겠다"라며 수사기관의 서이초 사건에 대한 진상 규명과 국회의 법 개정, 교육부의 생활지도 관련 고시 마련을 촉구했다.

서울초등수석교사회도 성명서를 통해 "교사들이 생존을 위협받는 상황에 질 높은 교육은 없다"라며 학교가 안전한 공간이 되도록 촘촘한 제도와 시스템 마련을 교육부에 요구했다.

지난 3차 집회 참가자들이 "6개 교원단체가 갈등을 만들지 말고 공동안을 만들어 교육부와 국회를 만나라"는 요구를 한 데에 답해 전교조, 한국교총, 전국교사노조연맹, 실천교육교사모임, 새학교네트워크, 좋은교사운동 6개 교원단체 대표들이 처음으로 공동 결의안을 마련해 무대에 올라 큰 박수를 받았다.

　이 자리에서 전교조 전희영 위원장은 "동료 교사의 죽음이 헛되지 않기를 바라는 마음과 참담한 현실로 돌아가지 않겠다는 절박함이 이 자리를 만들었다. 이제는 국회의 시간이다. 이제는 교육부의 시간이다. 국회는 입법으로 교육부는 실질적 교권 대책으로 화답하라"고 촉구했다.

　6개 단체 결의문에는 ▲유아교육법, 초·중등교육법, 아동학대 처벌법, 아동복지법, 교원지위법 등 관련 법안 개정 ▲민원창구 일원화와 악성 민원인 방지 방안 마련 ▲수업 방해 학생 분리조치 등 교사의 실질적인 생활지도권 보장 ▲정서·행동 위기 학생 지원책 마련 요구 등이 담겼다.

　2부 '국회·교육부는 응답하라'에서는 시도교육감협의회는 불참한 가운데 "동료 교사를 추모하고, 교육 활동을 보호하라는 목소리에 교육감들은 막중한 책임감을 느낀다"는 메시지가 전달되었다.

　전국교대총동문연합회 성명도 이어졌다. 서울교대총동창회장은 성명문을 통해 "선생님들이 안전하게 가르치고, 학생들이 방해받지 않고 교육받을 수 있도록 법을 개정하고, 일부 악성 민원에서 교사를 보호할 민원 체계를 만들라"라고 하며 끝까지 함께하겠다는 의지를 표명했다.

　여야 국회의원 발언 시간에는 여당 국회의원이 참여하지 않아 국회 교육위 소속 강민정(더불어민주당) 의원이 단상 아래에서 인사말을 했다. 강 의원은 "이 사태를 막아 내지 못해 교육위 의원으로서 진심으로 사과한다"라며 "교육정책, 예산 모두 정치가 결정한다. 더 이상 국회, 정부, 정당에 요구하지 말고 교육을 알고 있는 교사들이 나서 정책, 법, 예산을 만들어야 한다"라며 교사의 정치기본권을 찾기 위해 더 큰 목소리로 얘기해 달라고 당부했다.

4차 집회 성명문 낭독에서는 앞선 발언자들과 공통적으로 "교사와 학생 모두에게 안전한 교육 환경을 만들기 위해 법 개정이 필요하며, 이에 응답해 국회·교육부·교육청은 즉시 행동해야 할 것"이라는 내용이 담겼다.

사회자는 마무리 인사에서 "이주호 장관이 어제 보도자료를 통해 교육부와 국회가 법 개정을 포함한 필요한 대책을 책임 있게 마련할 예정이니, 선생님들은 일상으로 돌아가 2학기 준비와 교육 활동에 전념해 달라"라는 메시지를 냈다며 "우리가 나서지 않고, 제대로 된 대책을 교육부가 낸 적이 있느냐. 일상으로 돌아가도 죽음과도 같은 현실이 존재한다. 그래서 그만할 수 없다. 국회와 교육부가 똑바로 하는지 지켜보고 목소리를 내야 한다"라고 외친 후 "이제 국회로 갑시다!"를 크게 외쳤다.

참석자들은 "교육부는 응답하라! 국회는 행동하라!"라는 구호로 화답하며 집회를 마쳤다.

5차 집회 2023/08/19
5차 전국교사집회… "무법지대에서 교육안전지대로!"

전국 초중고 교장 803명의 실명 성명서 낭독

전국 교사들이 식지 않은 열기로 다시 아스팔트 위에 앉았다. 지난 4차 집회에서 '국회는 행동하라'라는 요구가 있은 만큼, 5차 집회는 국회로 향했다.

'무법지대에서 교육안전지대로, 국회는 9월 4일까지 행동하라!'라는 슬로건을 건 전국교사일동 주최 5차 집회에는 전국에서 올라온 5만여 명의 교사들이 참여했고, 그 대오는 여의도 국회의사당 앞 대로를 가득 메웠다.

집회 시작에서 사회자는 "우리가 정치권을 흔들고 국회를 흔들고 있습니다. 그것도 우리 스스로 해내고 있습니다. 하지만 우리는 여기서 멈출 수가 없습니다"라며 서이초 교사의 49재인 9월 4일까지 국회의 법 개정을 촉구하며 집회의 시작을 알렸다.

이날 집회에는 두 명의 학생 발언자가 나왔다. 전북 학생의회에서 활동하고 있는 윤용빈 학생은 "선생님들의 권리를 침해하는 것은 학생의 교육권을 침해하는 것"이라며 "교육 주체 모두의 권리가 보장되고, 서로를 존중하는 교육 현장이 되길 바란다"고 말했다. SNS에서 교권보호 챌린지를 하며 교사를 희망하는 고3 학생도 영상 편지로 교사들을 지지하고 응원했다.

사당중 학운위 학부모 위원도 발언에서 "학생 인권과 교사 인권은 서로 맞서는 게 아니다. 학생 인권을 지키기 위해서도 교사의 인권과 교육권이 보장되어야 한다"라며 "교육은 일방통행이 아니다. 교육 주체들이 함께 소통해야 한다"며 교육공동체를 강조했다.

서울교대 교수(2차), 전국교대교수협의회와 서울수석교사회(4차)의 성명서 이후 5차에는 초중고 교장 803명이 실명으로 동참한 전국교장단의 성명서가 올라왔다. 교장단은 "거리의 대열에 함께하며 책임감, 미안함으로 이 자리에 섰다. 위기에 빠진 교육 현장을 외면하지 않고, 교사 혼자 위험을 감당하지 않도록 학교 차원의 대응과 시스템 마련에 힘쓰겠다"고 밝혔다.

조길남 명퇴 교사를 비롯한 퇴직 교사들도 "선배 교사로서 미안하다"라며, 철저한 진상 규명과 법 개정으로 공교육 정상화에 힘을 보태겠다고 연대의 뜻을 전했다.

경기 이병찬(화봉초) 교사는 "일곱 살 난 딸이 선생님이 되고 싶다 하면 가슴이 철렁한다. 선호 1순위였던 교사가 왜 기피 직업이 되었나? 그 이유를 알기에 우리는 여기 모여 있다"라며 교사에게 가해지는 악성 민원, 고소의 피해는 학생들에게 돌아가고 미래의 한국에도 타격을 줄 것이라고 경고했다.

이날 발언자 중 집회 참석자들과 온라인 참가자들을 마음 아프게 한 사연도 소개되었다. 시각장애를 갖고 있는 18년 경력의 이대희 특수 교사가 그 주인공이다. 이대희 교사는 가출한 학생을 생활지도했던 일로 아동학대 혐의로 고소를 당해 2,500만 원의 합의금을 주고 사건이 마무리되었던 경험을 이야기하며 "학생에게 하는 말과 행동이 고소 고발될까 스스로 검열하고, 학생과는 일정한 거리를 두고 있다"고 하며 "살고 싶어서, 살아남고 싶어서 여기에 올라왔다"고 토로해 참석자들의 눈시울을 적셨다.

큰절과 공감의 말로 박수를 받은 발언자도 있었다. 청주교대 이혁규 총장은 "아픔을 같이 나누는 절, 선생님들께 존경을 표현하는 절, 대책을 마련하는 데 힘을 모으겠다는 절이다"라며 무대에 올라오자마자 큰절을 했다. "교사의 교육권을 충분하게 보장하는 일은 더 나은 사회를 향한 희망 선언이고 결단이다"라며 예비교사를 양성하는 교수의 입장에서 교권보장을 촉구했다.

마지막 무대에는 조희연 서울시 교육감과 서울 11개 교육지원청 교육장이 올랐다. 강연실 교육장은 책임감을 갖고 현장 의견을 적극 반영해 효율적인 민원 시스템 마련과 예산 확보에 힘쓰겠다고 밝혔다.

마지막으로, 현장에서 야유도 나오는 가운데 마이크를 잡은 조희연 서울시 교육감은 "서이초 사태 책임자인 한 사람이기에 많이 질책해 달라"라고 사과의 말을 전한 후, 국회를 향해 "교원의 교육 활동 침해에 대해 제재 조치를 할 수 있도록 '교원지위법'을 개정해 주십시오"라고 말했고, 여·야·정·교육감협의회를 통해 법 개정에 앞장서겠다고 의지를 밝혔다.

사회자는 마무리 말에서 "현장의 요구가 반영된 정책들, 교사는 가르칠 수 있고 학생은 배울 수 있게 만드는 법안들이 만들어질 그날까지, 우리 끝까지 지켜보고 외치고 행동하자!"고 외쳤고, 참석자들은 환호로 응답했다.

5차 집회의 주요 구호는 '억울한 교사 죽음! 진상을 규명하라', '아동학대 관련법을 즉각 개정하라', '악성 민원인 처벌법안 즉각 마련하라', '문제 행동 학생 즉시 분리로 다수 학생 안전 확보하라' 등으로 서이초 사건 진상 규명과 법 개정, 실효적 학교시스템 마련 등의 내용이 담겼다.

다음 6차 집회도 26일(토), 국회 앞에서 열릴 예정이며 국회를 향한 전국 교사들의 외침은 법 개정이 이루어질 때까지 쉽게 사그라들지 않을 전망이다.

6차 집회 2023/08/26
6차 전국교사집회… "현장의 목소리를 반영하라"

피켓을 들고 구호를 외치는 참가자들

26일 14시, 국회의사당 앞 대로에서 전국교사일동 주최의 6차 전국교사집회가 열렸다.

5차에 이어 6차도 국회의 입법 촉구가 이어졌다. '현장의 목소리 반영하라! 국회 입법 촉구 추모 집회'를 슬로건으로 한 6차 집회 참가자들은 "교사가 전문가다! 현장의 목소리를 반영하라! 9월 4일까지!"라는 구호를 함께 외치며 서이초 교사의 49재가 되는 9월 4일까지 국회의 입법을 촉구했다. 국회 교육위원회 소속 의원 중 현장에는 강민정

의원(더불어민주당)만 참석했다.

집회 사전 활동으로 QR코드와 에듀테크를 이용한 '학교를 바꾸는 시간 5분' 국회 국민동의청원 퍼포먼스가 진행되었다. 집회 참가자들은 패들렛에 접속해 교육 현장과 관련한 국민동의청원 중 동의하는 청원에 서명하였다.

첫 자유발언은 이만희 특수 교사가 서이초 교사를 생각하며 점자로 써 온 추모 시를 낭송하였다. 이 교사는 낭송 후 "이 땅에 다시는 이런 참담한 일이 일어나지 않도록 흰 지팡이를 짚고 선생님들과 함께 외치겠다"고 하며 크게 구호를 외쳤다.

예비교사들의 발언도 이어졌다. 한국교원대 학생은 "교육에 진심이었던 학우들이 진로를 고민하거나 교대를 떠나고 있다. 주변에선 선생님 꼭 해야겠느냐, 굳이 힘든 길을 가야겠느냐"는 말을 듣고 있다며 지옥의 교사 생활이 내 미래가 될까 두렵다고 말했다. 서울교대 성예림 총학생회장도 "적당한 사명감으로 적당한 교사가 되고 싶지 않다. 교사와 학생의 인권이 존중받는 교실을 만들고 싶다. 이런 와중에 교육부는 교사들 수까지 줄이고 있다"라며 정부는 현장의 목소리에 귀 기울이고 공교육을 포기하지 말라고 외쳤다.

명퇴 예정인 97학번 김선경 초등교사의 자유발언은 집회 참여자들의 눈시울을 적셨다. 학폭 담당자 역할을 충실히 하다 졸업생 학부모로부터 고발당한 일로 건강이 악화되어, 결국은 더 이상 버틸 수 없어 명퇴를 결심하게 된 사연을 이야기했다. 김 교사는 "후회합니다. 그렇게 열심히 했던 저를 후회합니다. 점점 학교는 우리에게 판사, 변호사, 정신과 의사, 특수 교사 등등 많은 역할을 요구합니다"라며 버티기 힘들었던 학교 현실을 고발했다.

뒤이은 자유발언에서는 12년 차 소담이 전북 초등교사도 교사에게 내려지는 각종 지침과 무한한 책임을 감내하고 있는 현실을 말하며 "무슨 일만 생기면 교사들에게 뭘 했냐고 묻는 대신, 당신들은 이때까지 뭘 했느냐?"라고 되묻고 싶다고 말해 큰 박수를 받았다.

악성 민원에 시달리다 치료 중인 18년 차 경기 중등교사는 담임교사 역할을 하며 학생과 학부모의 감정 쓰레기통이 되었던 경험을 대독으로 나누었다.

지난 5차 집회에 조희연 서울시 교육감의 뒤를 이어 최교진 세종 교육감이 6차 자유발언자로 나섰다. 최 교육감은 "안타까운 죽음을 맞이해서야 교육감으로서 늦은 응답을 하고 있다"라며 미안한 마음을 전한 후 "올바른 교육 환경을 바꾸려는 선생님들의 의지를 폄훼하거나 꺾어서는 안 될 것이다"라며 9월 4일 서이초 선생님의 49재 날이 공교육 관계 회복을 위한 새로운 시작의 날이 되어야 한다고 말해, 참석자들로부터 환호와 큰 박수를 받았다.

자유발언 이후 '현장 요구 즉각 반영'이라고 적힌 대형 현수막이 참석자들의 대오 위를 지나가는 퍼포먼스가 벌어지는 장관이 펼쳐졌다.

마지막으로 집회 참가자들은 성명서를 통해 "국회가 입법의 시급함을 인식하고 교권을 명확히 정의하여 교사의 교육권을 보장하라. 국회

보건복지위원회는 교사의 생활지도를 방해하고 무분별한 민원의 근거로 악용되는 아동복지법 17조 5호를 개정하라"라고 조속한 입법 개정을 촉구했다.

6차 집회는 지금까지 치러진 전국교사집회 중 가장 많은 인원인 6만여 명의 교사가 참여했고, 전국에서 92대의 전세 버스에 2,800여 명이 탑승해 집회장으로 모였다. 초반에 쉽게 꺾일 것으로 예상했던 집회 열기는 9월 4일 공교육 멈춤의 날까지 지속될 것으로 예상한다.

7차 집회 2023/09/02
7차 전국교사집회… 50만 교원 총궐기

30여만의 검은 점이 모여 검은 바다를 이룬 국회 앞

서이초 교사의 49재인 9월 4일을 이틀 앞둔 주말에 열린 7차 집회는 그 이전 어느 집회보다 슬픔과 분노의 감정이 흘러넘치는 집회였다. 지난 31일 서울과 전북에서 두 초등학교 교사가 스스로 생을 접었다는 소식이 들려온 데다, 9월 4일 공교육 멈춤의 날을 법과 원칙에 따라 엄정 대응하겠다는 교육부의 지침이 내려왔기 때문이다.

9월 2일 14시, 국회의사당 대로 앞은 종전에는 한 번도 볼 수 없었던 거대한 검은 바다를 이루었다. 국회의사당에서 시작한 대오는 주변 도로 및 여의도공원까지 뻗쳤다. 주최 측 추산 30여만 명이라는 경이로운 숫자로 한국 교육 역사의 새로운 한 페이지를 쓰는 날이 되었다.

무대에는 '두려움을 나아갈 용기로/ 연대를 공교육의 희망으로'라는 슬로건이 걸려 9월 4일 교육부의 압박에 굴하지 않겠다는 교원들의 의지가 표현되었다. 주 구호는 '진실 없는 사건 수사 진상 규명 촉구한다/ 교사들이 무너지면 공교육도 무너진다' 등을 외쳤다.

집회는 서이초 교사의 49재를 앞두었기에 고인을 추모하고 기리는 발언들과 아직 달라지지 않은 공교육의 현실을 고발하는 발언, 교원들을 겁박하는 교육부를 향한 외침 등이 주된 내용으로 담겼다.

집회에는 교육위원회 소속 더불어민주당 의원인 안민석, 강민정, 도종환 의원이 참석해 입법을 촉구하는 교원들의 목소리에 화답했다.

사회자는 집회 시작에서 "우리는 모래가 아니다. 우리는 더 이상 흩어지지 않을 것이다. 우리가 우리 힘으로 서로를 살리는 것을 오늘 50만 교원 총궐기에서 보여 주자"라며 강한 어조로 참여자들의 연대

의지를 다졌다.

　문경민 연남초 교사의 추모사를 시작으로 서이초 교사의 이전 동료들과 대학 동기들이 무대에 올라 고인과의 생전 추억을 이야기하며 고인에게 전하는 편지를 눈물로 적시며 낭독하였다.

　대전에서 올라온 교사이자 학부모라고 밝힌 발언자는 분노조절장애 학생으로 힘들었던 경험을 이야기하며 안전망 없는 교실에서 혼자 버텼던 무력감을 털어놓았다.

　초등 전문상담교사인 발언자는 과잉행동 학생의 학부모에게 학생의 치료를 권했다 도리어 학부모에게 폭언을 듣고 모멸감을 받았던 경험을 이야기했다.

　작년 연말 실시된 교원평가에서 학생에게 성희롱을 당했음에도 교육청으로부터 도움은커녕 2차 피해를 입었던 세종의 고등학교 교사가 다음 발언자로 무대에 올라 큰 주목을 받았다. 이 교사는 세종 교육감은 사과를 했으나 감사과는 아직도 사과를 하지 않고 있고, 그 2차 피해로 교직을 떠나기로 결심했다고 말하자 집회장에는 탄식이 쏟아졌다. 발언 마무리에서 "생존자로서 말한다. 추모하고 행동해야 한다. 9월 4일 하루 각자 복무를 사용한다고 해서 그 누구도 부당하게 겁박할 수 없다. 입맛에 맞는 호소만 해서 무언가를 바꿀 수 없다"라며 멈춤과 행동의 의미를 강조했다.

　7년 차 경기도 교사는 "교육부가 공문에서 집단행동에는 '법과 원칙'에 따라 엄정하게 대응하겠다고 운운했지만 교사들은 그 누구보다

법과 원칙을 열심히 지켜 왔다"며 "법과 원칙 지키다 많은 선생님이 죽었다. 함께 추모하는 것이 동료 교사로서의 법과 원칙이다"라며 교육부의 대응을 비판했다. 이어 "교사들을 죽음으로 내몰아 공교육을 멈추게 한 것을 부끄러워하라"라고 교육부를 향해 외쳤다.

발언 외에도 집회 집행부의 정책팀이 8가지 정책요구안을 발표했고, 현장 교사로 구성된 정책 TF에서 300페이지에 달하는 연구 보고서를 작성해 학교 현장의 변화를 당국에 촉구했다.

집회 말미에는 2차 집회에서 발언자로 나섰던 서울교대 홍성두 교수가 다시 발언자로 나서 "여러분은 검은 점을 넘어 검은 물결이 되었고, 검은빛 바다가 되었다" 등의 시적 언어로 표현된 연설 내용과 "여러분은 가장 비정치적인 방법으로 가장 정치적인 결과를 만들어 내고 있다" 등의 평가를 결연한 의지를 담아 말해 집회 참석자들의 심장을 두드렸다.

집회 참가자들은 성명문을 통해 ▲학교 의문사에 대한 철저한 수사와 엄정 처벌 ▲아동복지법 등 관련 법 개정 ▲ 각종 민원과 문제 행동 학생 대응책 마련과 책임 명시 ▲현장 교사가 참여하는 교육정책 소통 시행 등을 요구했다.

이번 7차 전국교사집회는 이전 집회의 여러 기록을 깼다. 5천 명에서 시작한 집회가 30만 명이 참가하는 확장세를 보여 주었고, 지방에서 전세 버스 570대에 17,546명의 교원이 탑승하는 기록을 세웠다. 이전과 마찬가지로 집회 버스는 익명의 교사 개인과 교감·교장단, 수석

교사회, 전문직(장학사) 등이 마련한 기부금으로 운영되었다.

  이틀 후인 9월 4일 공교육 멈춤의 날을 저지하려는 교육 당국과 공교육 정상화를 위해서는 '멈춤이 필요하다'는 교원들 간의 팽팽한 대결은 9월 4일은 물론, 그 이후에도 온전한 입법과 정책이 뒤따르지 않는 이상 이어질 전망이다.

8차 집회 2023/09/04
8차 전국교사집회… 멈춤 & 추모

49재를 맞은 서이초 교사를 추모하며 카네이션으로 헌화하는 어린이

9월 4일, 16시 반부터 국회 앞 도로에서 '서이초 교사 49재 추모 집회'가 개최되었다. 처음으로 평일에 진행되었고 집회 참여자들을 징계하겠다는 엄포가 있었음에도 불구하고 5만여 명의 교사들이 참가해 교육부의 징계 위협으로도 꺾지 못하는 교사들의 분노를 보여 주었다.

'이제 우리가 지키겠습니다, 우리가 바꾸겠습니다'라는 슬로건을 걸고 열린 이번 집회에서 교사들은 ▲서이초 교사 진상 규명 ▲5개 교원단체가 합동 발표한 '교원보호 입법발의 공동안' 의결 ▲안전하고 존중받는 교육 환경 조성을 요구했다.

서이초 교사가 생존했다면 받았을 카네이션을 바치는 헌화로 시작해 '94초 침묵 퍼포먼스', 교사 및 다양한 분야 인사들의 자유발언이 이어졌다.

이번 집회에는 교권침해를 당했던 유초중등 교사들뿐 아니라 어린이와 학부모를 비롯한 일반 시민, 종교계, 정신건강의학계 인사들도 함께 참여하여 지지와 연대의 의사를 밝혔다. 지난 집회와 달리 정치계 인사들의 참여도 두드러졌다. 더불어민주당(9명), 정의당(4명), 국민의힘(3명) 소속 국회의원 내지 당 관계자들이 참석해 교사들의 분노에 관심을 기울이는 모습을 보여 주었다.

집회 시작에서 대한불교조계종, 원불교, 천주교, 기독교 4개 종교단체의 성직자들이 나와 공동으로 지지 성명서를 낭독하여 서이초 교사 49재의 의미를 되새겨 주었다.

정신건강의 김현수 원장은 "더 이상 선생님들이 교사의 능력을 뛰어 넘는 온갖 업무를 혼자 감당해선 안 된다. 교육부가, 교육청이, 또 학교에 시스템을 세워야 하는 분들이 나서야 한다"라며 문제 해결을 촉구하였다.

서이초 교사의 어머니 편지가 대독되었고, 2부에서는 직접 무대에 올라 떠난 딸을 위해 함께 슬퍼했던 전국의 교사들에게 감사의 인사를 전하는 자리가 마련되었다. 이를 지켜보던 집회 참여자들의 눈에는 눈물이 맺혔다.

이번 집회에서는 이주호 교육부 장관에 대한 규탄의 구호도 등장했다. 교사들은 "학교 현장 혼란 초래 책임 회피 이주호는 반성하라", "징계 운운 권한 남용 교육 분열 이주호는 사과하라" 등의 구호를 외치며 그 분노를 드러냈다.

사회자는 집회 마무리 발언에서 "9월 정기국회 본회의에서 교권 확보 관련 법안들이 반드시 처리되어야 한다. 국회가 행동할 때다"라며 빠르게 관련 법안이 통과되어야 한다고 강조했다. 이어 "교원단체들이 나서 국회, 교육부와 교섭하십시오. 단체의 힘을 보여 주십시오. 더 강력한 목소리로, 행동으로 쟁취해 주십시오"라며 집회가 장기화되어 지친 교사들을 대신하여 교원단체들이 나서 줄 것을 요구해 참여자들의 박수를 받았다.

이번 집회는 서이초 교사 추모와 더불어, 공교육 정상화를 위한 교사들의 굳은 의지를 재확인하는 자리였다. 성명서에서 교사들은 "9월 4일은 끝이 아닌 시작의 날"이라며, "다시는 어떤 교사도 홀로 죽음을 택하지 않도록, 우리가 지킬 것이고, 우리가 바꿀 것이다"라는 행동 각오를 다졌다.

서울 집회에 참석하지 못한 지역 교사 7만여 명은 13개 지역의 추모 집회에 참여하여 서이초 교사의 죽음을 기리며, 교권 확대 보장의 목소리를 모았다.

9월 4일 이후 전국교사일동이 주최하는 집회는 아직 잡혀 있지 않다고 전해진다.

9차 집회 2023/09/16
9차 전국교사집회…'검은 점의 연대'

'꺾인 꽃의 행진'을 제창하는 노래패

교권 4법 의결이 21일 국회 본회의 통과를 앞둔 가운데 '검은 점의 연대'가 다시 한번 이루어졌다.

16일 14시, 국회 앞에서 9.4 공교육 멈춤의 날 이후 2주 만에 전국교사일동 주최 9차 전국교사집회가 열렸다. 주최 측 추산 4만여 명이 참여하였다. 이날 집회는 아동학대법·아동복지법을 비롯한 교권 4법의 조속한 의결 촉구를 위해 '공교육 회복을 위한 국회 입법 촉구 집회'라는 집회명과 '검은 파도는 멈추지 않는다'는 슬로건을 걸고 교육 환경 개선을 향한 교사들의 굳은 의지를 드러냈다.

'연대'를 강조한 이번 집회에서는 교사 유가족 협의회를 돕기 위한 비용 마련 홍보를 시작으로 버스 인솔 교사들의 노력을 언급하거나 유치원, 초등, 중등, 특수 교사 등의 상황을 두루 챙기는 특별 구호들을 외쳐 참여자들의 연대 의식을 높였다.

1부 자유발언에 나선 9년 차 초등교사는 교사들의 죽음은 명백한 사회적 재난이자 산업재해라며 교사의 건강을 위한 실질적인 지원과 대체 인력 지원 등이 마련되어야 한다고 말했다. 덧붙여 교사의 건강권을 이제는 사회가 관심을 가져야 할 때라고 강조하였다.

이어 발언한 3년 차 초등교사는 9.4 이후 교육공동체는 혐오와 배제보다는 연대로 이루어져야 한다고 힘주어 말했다. 연대와 상호 책임으로 이루어져야 하는 교육공동체에서 책임을 지지 않으려 한다면 공동체 일원일 수 없다며 교육부, 교육청, 관리자들의 역할과 책임을 호소했다.

국회 입법에 초점을 맞춘 2부 '행동의 시간'은 법 개정의 흐름과 집회의 흐름을 돌아보며 앞으로 나아갈 길을 제시하는 경과보고로 시작되었다. 경과보고 후 발언자는 교육부나 관리자들의 책임 회피, 행정 떠넘기기 등을 이제는 교사들이 수용하지 않을 것이라며 책임 있는 행정을 요구했다. 집회 참여자들은 이에 응답하며, 대형 현수막 퍼포먼스를 보여 주었다.

이어 발언한 9년 차 초등교사는 교육부의 고시안이 '처참한 탁상행정'이라고 비판하며, 현장이 바로 대응할 수 있는 실질적인 방안과 상위법 개정을 촉구했다.

11년 차 유치원 교사는 "악성 민원의 시작은 유치원이 시작이다"라며 악성 민원으로부터 유치원 교사들을 보호하기 위한 예산과 인력 투입을 촉구했다. 집회 참여자들은 '유치원이 시작이다. 악성 민원 차단하라'라는 구호를 제창하며 연대 의지를 보여 주었다.

전교조를 비롯한 6개 교원노조·단체 대표들도 무대에 올라 '정부와 국회, 국민께 드리는 6개 교원단체 공동 호소문'을 낭독했다. 호소문에는 교권보호 4법과 무분별한 아동학대 신고로부터 교사를 보호하는 아동복지법 및 아동학대 처벌법을 9월 정기국회 1호 법안으로 즉각 처리해 줄 것과 교육 활동 침해 학생 분리 및 정서·행동 위기 학생 지원책의 법제화와 이를 위한 예산과 인력 지원을 강력히 요청하는 내용이 담겼다.

집회 참여자들도 성명서를 통해 대한민국 공교육의 미래를 위해 검은 파도는 멈추지 않고 나아갈 것임을 언급하며, 9월 국회에서 교권 관련 법안들의 조속 통과를 외쳤다.

다음 주 집회는 아직 예고되지 않았지만, 21일 교권 4법 국회 본회의 통과 여부와 20일·21일 이어질 보건복지위와 법사위의 아동학대법과 아동학대 처벌법 개정 통과 여부에 따라 추후 '검은 점들의 연대' 방향과 방법이 결정될 예정이다.

10차 집회 2023/10/14
[현장락] 10차 전국교사집회를 다녀와서 (박항재 교사)

국회 앞에서 열린 10차 전국교사집회

무주에서 8시에 출발했다. 버스 인솔 책임을 엉겁결에 맡게 돼 출발 10분 전에는 도착해야 하는 마음이지만 꾸물거리다 늦었다. 다행히 길이 잘 연결돼 출발 10분 전에 도착했다. 다만 비가 와서 걱정이었다. 비 맞고 하는 집회는 사진은 잘 나오겠지만 건강을 상할 수 있기 때문이다.

서울 국회의사당 앞에 도착하니 빗줄기가 더 굵었다. 비옷을 갖춰 입고 나가니 빗방울이 멈췄다. 천우신조 신호인가?

빗속에도 집회 봉사 선생님들이 반갑게 마중 나와 주어 마음이 따뜻해졌다. 봉사하는 선생님들은 집회 공간 표시를 줄로 연결하고, 고정하기 위해 물병 매달고, 빗물 쓸어 내고, 피켓 젖지 않도록 비닐을 씌우는 등 애쓰고 계셨다. 특히 고인 빗물 빗질하는 모습에 묘한 뭉클함이 일었다.

오늘 인상적인 장면 몇을 되돌아본다.

멀리 전남에서 오신 선생님이 가장 먼저 떠올랐다. 교사 꿈을 가진 딸 이야기를 들려주며 잘 풀어 주셨다. 악성 민원으로 인한 학교 현장을 걱정하는 딸을 보며 걱정이 많았단다. 그런데 우리 '검은 점'들이 있어 반드시 딸이 안전하게 가르칠 교육 환경을 만들어 줄 수 있다고 믿기에 딸이 가고자 하는 교직의 길을 지지한다고 하셨다.

특히 수당 인상 언론 플레이로 교사 자존심을 재차 짓밟는 처사를 제대로 질타하여 묵은 체증이 뚫렸다. "우리가 수당 올려 달라고 방학, 주말 반납하고 이러는 줄 아느냐? 우리는 우리가 안전하고 당당하게 가르칠 수 있는 환경을 마련하라고 그렇게 여러 번 알아듣게 외쳤는데도 헛짓하는 장관은 정신 차려라! 초중고 국어 시간마다 글쓴이의 의도를 잘 파악하라고 그렇게 가르쳤는데, 장관은 공부 안 했느냐!"

지난 대통령 간담회 이후 교사 수당 인상을 대문짝만하게 건 언론 기사를 보고 꽉 막혔던 속이 이 사이다 발언으로 이제사 시원해졌다. 전남 '사이다' 선생님은 10.28 집회에 한 번 더 발언하시면 좋겠다. 옆에서 앵콜을 외치는 분도 계셨다! 동감이다.

두 번째는 최근 무혐의로 결론이 난 전북 교사의 안마 멍 사례 이야기다. 다른 분이 대독을 하셨는데 법과 제도의 허술함으로 교사를 지옥으로 한순간에 내몰 수 있는 사례였다. 교사가 입증을 못 하면 꼼짝없이 아동학대로 당할 수 있음을 재차 확인했다. 선생님의 생생한 이야기를 들으며 내 이야기처럼 가깝게 느껴졌다. 당한 선생님은 무고죄로 고소하고 싶어도 할 수도 없단다. 멍 자국이 있으니 이렇든 저렇든 고소 사유가 정당하다는 거였다. 어처구니없었다.

다음으로는 법률 자문 법인에서 변호사 한 분이 발언하셨다. 정서적 아동학대에서 교사 제외가 논란이 되는 지점을 알기 쉽게 설명해 주셨다. 교사는 학생, 학부모와 특수한 관계이니 특별법으로 예외를 두는 것이 이미 사례도 있어 어렵지 않다는 것이었다. 조모조목 법률 해석을 잘해 주셨다. 이런 분을 국회로 보내면 좋겠다.

특히 서울 천왕초 정용주 교장 선생님 발언은 기억에 남는다. 진심으로 교사 편에 서서 함께하고 교사들을 보호하고 지원하는 일을 몸소 실천하는 분이셨다. 진정 교육을 걱정하고 변화를 위해 고민하는 분이라 생각되었다. 징계를 각오한 재량휴업일 지정, 학부모와 학생 상담을 자발적으로 맡아 주시며 부당한 교권침해로부터 교사를 보호하기 위한 일을 제일 중요하게 생각하는 분이셨다. 이런 교장 선생님들이 어떤 경로로 나올 수 있는지 교장 승진제도를 깊이 고민해 볼 문제라 생각한다.

사회자 분이 마지막 말로 "10월 28일 다시 50만 총궐기하자, 아직 현장에서 체감할 만한 조치가 없다는 것은 아직도 공교육 정상화 길이 멀었다는 것이니 뜨겁게 참여 의지를 보여 달라"고 호소하였다. 다시 성난 점들이 검은 바다 쓰나미가 되어 묵은 것들 쓸어버리고 새 판을 짤 수 있길 간절히 기도한다.

'10월 28일 집회도 올 수밖에 없구나!'라고 되뇌었다. 아직 변혁의 희망이 있다고 믿기에. 함께해야 할 일이 남아 있다고 믿으니 말이다.

오늘 궂은 날에도 함께하신 선생님들 정말 큰 애 쓰셨습니다. 고맙습니다!

11차 집회 2023/10/28
11차 전국교사집회… "아동학대법 개정하라"

대규모 현수막 퍼포먼스

국회 앞에 다시 대규모의 교사들이 모였다. 지난 10월 14일 10차 집회에 이어 2주 만에 열린 11차 집회에는, 9월 7일 30만 명이 모인 집회 이후 가장 대규모 인원이 참가해 교권보장을 위해 '아동복지법 개정'이 절실하다 외쳤다.

주최 측 추산 12만 명의 교사들은 검은 옷을 함께 입고, 국회의사당대로 양방향 6개 차로와 인도를 가득 메웠고 여의도공원 앞까지 대오가 이어졌다. 국회의원으로는 교육위 소속 강민정 의원(더불어민주당)만이 참석해 끝까지 자리를 지켰다.

집회 참석자들은 교권 4법이 통과되었으나, 교권보장을 위한 근본적 해결을 위해서는 '아동복지법'이 반드시 개정되어야 한다며 구호에 그 내용을 담아 외쳤다.

고소고발 남발하는 아동복지법 개정하라!
공교육이 무너진다 보건복지위 응답하라!
생활지도와 정서학대 명확하게 구별하라!

자유발언 시간에는 아동학대 혐의로 신고를 당해 담임에서 배제되고 극심한 스트레스에 시달리고 있는 교사와 10년 전 사건으로 아동학대 고소를 당한 교사의 이야기가 소개되었다. 발언 교사들은 아동학대의 일반적 잣대로 판단할 수 없는 교육 현장의 특수성을 이야기하며 아동학대법 개정이 반드시 이루어져야 한다고 말했다.

'아동복지법 17조 5호 정서적 학대 조항'의 헌법소원을 준비 중인 변호사는 "학교는 망했다, 철저히 망했다"며 "학교가 사람을 가르치는 곳이 아니라 죽음의 장이 된 지 벌써 10년이 되어도 당국과 국민은 둔감하다"며 아동학대법 개정에 대한 국회의 결단을 촉구했다.

교육관련법 연구회 교사들도 '아동복지법 개정'과 '학교폭력 사안 접수 및 처리 절차의 이관'을 교권보장의 중요한 해결책으로 꼽았다. 이들은 "학교 현장을 소송의 장으로 전락시킨 각종 법률을 바로잡기 위해 아동학대 관련 법률의 '구성요건'을 명확히 해야 한다"고 강조했다.

집회 후반에는 12구역까지 꽉 찬 대오 위로 현수막 퍼포먼스 및 파도타기가 펼쳐졌다. 현수막 위에는 '아동복지법 실질 개정', '보건복지위 응답하라', '악성 민원 강력 처벌' 등의 글귀가 담겼다.

11차까지 진행된 전국교사집회는 1차 5,000명을 시작으로 7차 집회 30만 명을 정점으로 찍고, 11차 집회를 마지막으로 마무리되었다. 서울에서 열린 집회만 추산할 경우 연인원 78만 명이 참여해, 우리나라 교육사에 크게 기록될 역사를 남겼다.

오늘 집회는 주최 측 추산 12만 명, 전국에서 대절된 버스 99대에 3,108명이 탑승해 올라오는 등 아직 교권보장을 위한 교육 환경이 만들어지지 않았음을 참가 인원의 규모로 보여 주었다.

11차에 걸친 교사집회는 '교권 4법' 국회 1호 안건 통과, 교육부 '생활지도고시안' 마련, 전 국민적 여론 형성 등 긍정적 결과를 얻었지만, 정작 교사들의 불안감은 아직 가시지 않고 있다.

11월에 열릴 국회 보건복지위에서 아동학대법이 개정될지와 교육부가 교권보장을 위한 인력 및 예산을 지원할지, 단위 학교에서 관리자들의 역할은 어떻게 달라질지 등 교권보장을 향한 법과 실질적 제도 개선의 여정은 아직 멀고 험난하다.

참가 교사 중 한 명은 SNS에 올린 집회 소감에서 "무엇보다 교사들의 죽음에 대한 진상 규명과 순직 처리, 아동복지법 17조 개정, 분리 학생 관련 실효성 있는 추가 대책 마련, 학폭 문제의 교육적 이관, 이 네 가지는 반드시 얻어 내야 11차까지 이어진 집회 노고에 대한 기쁨을 누릴 수 있을 것 같다"고 말했다.

전국교사집회 문화와 양상

전국교사집회 문화

최근 우리나라 집회는 'K-집회'라 불리며 세계적인 주목을 받고 있다. 2023년 여름을 뜨겁게 달구었던 전국교사집회와 2024년 겨울에 펼쳐졌던 윤석열 탄핵집회가 그 예다. 이 두 집회는 많은 공통점을 갖고 있다.

두 집회 모두 많은 집회 참가자들의 자발적인 참여로 이루어졌다. 교사집회는 교권침해와 교육제도에 대한 분노, 탄핵집회는 정치적 무능과 부정부패에 대한 분노를 표출하며 정부에 책임을 물었다. 비폭력적이고 평화적인 방식으로 제도 개선을 요구한 것도 특징이었다. SNS를 통해 빠르게 여론을 형성하고, 실행 또한 순식간에 이루어졌으며 특

전국교사집회 아이템들 (피켓 및 버스 깃발 등)

정 단체가 주도하지 않고 지속적인 연대와 후속 행동도 이어졌다. 젊은 세대의 참여가 두드러졌고, 윗세대들의 지지와 지원도 뒤따랐다. 집회 아이템을 만들고, 함께 같은 노래를 부르며 마음을 모으기도 했다. 교사집회에서는 지역을 상징하는 버스 깃발과 스티커, 탄핵집회에서는 응원봉이 등장한 것이 그 예다. 교사집회에서 함께 부른 '꿈꾸지 않으면', '꺾인 꽃의 행진'과 탄핵집회에서 부른 '다시 만난 세계' 등의 노래는 집회 참가자들의 마음을 한데 모으게 했다.

전국교사집회에서 드러난 집회 운영 특징을 좀 더 면밀하게 살펴보자.

통상 교사집회는 노조나 교원단체에서 주관하기에 사회자는 노조 조끼를 입거나 정장을 입고 있는 경우가 대부분이었다. 하지만 전국교사일동이 주최하는 집회는 운영 주체부터 의견 수렴, 재정 운영 방식 등 여러 면에서 기존 집회 방식을 깨는 새로운 면을 보여 주었다.

집회는 교사 온라인 커뮤니티에서 첫 제안을 한 사람이 주최자 및 사회자가 되고 이에 따라 오픈채팅방이 만들어진다. 집회 진행팀, 재정팀, 안전팀, 질서유지팀, 홍보팀 등의 팀을 꾸리고 신청자를 받아 구성원을 채우면 인적 구성은 마무리된다. 1주일이라는 촉박한 시간과 일면식도 없는 사람들이 온라인이라는 비대면 공간에서 준비하는 행사이기에 논의 과정은 치열했다.

참여 교사 중 한 명은 SNS에 "지난 1주일간 거의 잠을 못 잤습니다. 모든 일은 온라인상에서 만나고, 이야기하고, 톡을 주고받으며 이루어졌고, 이야기하는 사람이 누군지도 모르는 상황이었습니다. 그러다 보니 수많은 질문과 대답, 아이디어들이 쏟아졌고, 그 속에서 내용이 바뀌기도 하고, 막히기도 했습니다. 모든 대화를 따라갈 수도 없었습니다. 하지만, 끝내 포기하지 않는 이들이 있어 다시 이야기가 시작되고 새롭게 활기가 생겼습니다"라며 익명의 공간에서 블라인드 채용과 같은 발언자 모집 방식 그리고 그 속에서 열띤 집단 지성의 힘이 발현되고 있음을 알려 주었다.

패들렛, 노션과 같은 온라인 생산성 도구를 충분히 활용한 점도 특이점이었다. 패들렛을 통해 집회 관련 의견을 수렴·공유하였고, 집회 후에는 참가 후기를 받았다. 이런 도구를 활용해 일부의 사람이 정보를 독점하지 않고 수평적인 관계에서 각자의 의견을 도출하고, 존중받으며 결과에 반영되었다. 집회를 마무리한 후에는 다음 집행부를 위한 운영 팁도 비대면으로 전달하였다.

   자발적 참여로 모은 성금으로 집회를 운영했다는 점도 특이점이다. 재정팀이 이를 관리하고 모금과 결산 결과를 공개했다. 재정팀 담당자도 매번 집회마다 달라졌다. 3차 집회를 예로 들면, 24시간 만에 총 1억 1천만 원이 넘는 금액이 모였다. 이 성금 중 일부는 전국 각지에서 출발하는 수십 대의 전세 버스비로도 쓰였다. 버스에 모인 참가자들은 서로를 모르지만 집회 참석을 위해 오가는 버스에서 교사와 학교, 법과 제도의 문제 등에 대해 의견을 나눴다. 이 속에서 오간 의견은 다시 오픈채팅방에서 화두로 던져지며 다음 집회의 완성도를 높여 갔다.

   1,500여 명이 모인 대규모 집회 오픈채팅방부터 소수가 모인 카톡방은 교사들의 교육권 확보라는 하나의 목적을 갖고 집단 지성이 모이는 창구 역할을 톡톡히 했다.

전국교사집회 양상

점들의 연대

전국교사집회는 '점들의 연대'였다. 점을 모으는 데 있어 초등교사 온라인 플랫폼 인디스쿨이 큰 역할을 했다. 그렇다고 초등교사들만 이 집회를 끌어왔다고 할 수는 없다. 5,000명으로 시작된 집회 참여자 수는 점점 늘어나 7차 집회에 30만 명까지 이르게 된다. 교육부의 해직·파면이라는 중징계의 겁박이 있었던 8차 집회에서도 전국에서 12만 명이 참여하는 뜨거움을 보여 주었다. 학교 급별, 직위, 현·퇴직을 가리지 않고 교직계가 일심 단결하여 집회를 만들어 냈다. 집회 용어를 빌리자면 교실 속 외톨이였던 '점'들이 광장에 모여 '선'이 되고, '면'이 되어 함께 집회를 꾸린 것이다.

물론 소속 급별, 성별, 지역별, 연령별로 온도의 차이가 있었고 지체 현상도 벌어졌다. 인디스쿨을 중심으로 집회 논의가 이루어졌기에 유치원·중등 교사는 정보 소외를 겪었다. 집회에 대한 초기 반응도 학부모 민원이 많은 서울과 경기권에 근무하는 젊은 여성 교사들이 더 뜨거웠다. 하지만 회를 거듭할수록 그 온도와 간극은 틈을 좁혀 갔다.

디지털 민주주의

온라인 플랫폼을 거점으로 시작된 집회는 이후 소통 역시 온라인을 중심으로 이루어졌다. 집회 집행부를 모으고, 집회 내용을 선정하고, 그 결과를 배포하는 데 있어 온라인 교사 커뮤니티와 카톡 오픈채팅방, 패들렛, 노션 등을 다양하게 활용하였다. 온라인 특성상 관련 정보는 순식간에 퍼져 나가고, 의견 또한 빠른 시간에 모을 수 있기에 1주일 단위로 수만 명이 열리는 집회가 가능하도록 만들었다. 여기에 여름방학이라는 시기 특수성도 더해져 집중과 확산의 기세는 배가 되었다.

  1,500명이 한 번에 들어갈 수 있는 집회 관련 오픈채팅방은 수십 개가 만들어졌고, 여론 확산에 큰 공을 세웠다. 인디스쿨에 접근할 수 없는 유·중등 교사도 오픈채팅방을 통해 의견을 개진할 수 있었다. 익명성이 보장되는 오픈채팅방 특성은 홀로 있던 '점'들이 쉽게 자신의 아픔과 의견을 이야기할 수 있도록 만들었고 집단 지성을 발휘하고 모을 수 있는 환경이 되었다.

  1차 집회 이후 집회 집행부를 꾸리는 과정에서 보인 디지털 민주주의 과정은 눈여겨볼 만하다. 실명, 소속 노조나 단체 등도 밝히지 않은 블라인드 채용 방식으로 집회 집행부가 꾸려지고, 발언자 선발도 공모를 통해 블라인드 방식으로 이루어져, 내용만 보고 발언자를 선정하였다.

  1차 집회를 처음 주도한 인디스쿨 닉네임 '굳잡맨'은 1차 집회 이후 각종 언론의 주목을 받으며 추모 집회를 이끈 리더로 주목받았다. 그러나 공교육 멈춤의 날을 하루 앞둔 9월 3일 '교육부와 현장 교사와의 토론회'에 여섯 명의 현장 교사 중 한 명으로 참가하겠다고 밝히자, 인디스쿨을 비롯한 각종 오픈채팅방에서는 토론회 시기와 취지도 옳지 않으며, 대중이 부여하지 않은 대표 자격을 스스로 챙겼다며 큰 비난을 했다. 공은 인정하되, "점으로 사라지겠다는 약속을 지켜라"는 여론에 불이 붙었다.

  이렇듯 집회 개최 전후로 '점'들은 각자 1/N만큼의 권리와 권한을 부여받아 자신의 자리에서 역할을 한 후, 사라지고 다시 모이길 반복했다. 이 원칙에서 벗어날 때는 가차 없는 비난을 쏟아 내는 디지털 민주주의를 보여 주었다.

헌신과 연대

8차까지 진행된 집회를 추진하는 힘은 헌신에서 나왔다. 헌신의 영역은 다양했다. 재정, 재능, 시간 등등 각자 자신이 도울 수 있는 영역을 맡아 기민하게 움직였다.

집회 운영비(방송 장비, 피켓 등)와 지역에서 올라오는 전세 버스비 등 집회에 쓰이는 모든 경비는 자발적 후원금으로 충당하였다. 회당 5,000만 원~4억 원 가까이 이르는 운영비는 후원 계좌를 열면 며칠 내로 걷어졌다. 집회에 꼭 필요한 만큼만 걷고, 잉여액이 발생하면 다음 집회 운영비로 이월하였다.

후원자 다수는 교사였지만, 교감·교장, 수석교사, 퇴직교사, 전문직 등 교육계를 총망라하는 다양한 개인과 단체들이 후원에 참여해, 지금까지 본 적 없는 교육계의 화합을 볼 수 있었다.

이런 경제적 헌신과 더불어 재능과 시간의 헌신도 돋보였다. 인디스쿨 정책TF팀에서 만든 300페이지에 가까운 보고서 작성에 참여한 교사들의 헌신은 교육정책의 방향성을 정하는 데 크게 기여했다.

매회 집회 운영팀은 물론이고 지역버스 인솔자들의 헌신도 회자되고 있다. 인솔자들은 버스를 타는 토요일뿐 아니라 버스 탑승 교사들을 모으고, 개별적 특이 사항도 챙기며 연락하기 위해 평일도 꼬박 시간을 투자해야 했다.

집단행동

서이초 사건이 알려지자마자 서이초 앞은 근조 화환들이 길게 학교 담장을 따라 세워졌다. 교문 앞과 게시판에는 추모의 문구를 적은 포스트잇이 수를 셀 수 없을 정도로 붙여졌다. 근조 화환과 포스트잇은 이후 호원초, 신목초에서도 그대로 이어졌다.

    교사들의 카톡 프로필도 검은 리본의 물결이었다. 지인 대부분이 같은 교사들이기에 카톡 프로필 사진만으로는 누가 누구인지 구별하기가 힘이 들 정도였다.

    8차 추모 집회 이후 교육권 확보 입법 촉구 과정에서도 교육위 국회의원들에게 입법 촉구 문자 보내기, 국민청원 입법 동의하기 등 다양한 집단행동은 온라인과 오프라인을 넘나들며 행해졌다. 8차 집회 이후 '노조 가입하기' 운동이 벌어졌고, '교사의 정치기본권'을 이제는 말해야 한다는 목소리가 터져 나오기 시작했다. 아이러니하게도 '탈정치', '탈노조'를 외쳤던 전국교사집회에서 나온 정치적 요구였다.

집회를 움직인 사람들

2023년, 전국교사집회는 단순한 집회를 넘어 전국 곳곳의 교사들을 하나로 묶는 강력한 연결 고리가 되었다. 집회 운영팀은 각각의 역할을 맡아 치밀하게 움직였고, 교사들은 자발적인 참여로 조직력을 키워 나갔다.

전국교사집회는 교육 현장의 문제를 세상에 알리고, 교사들의 목소리를 하나로 모으기 위한 거대한 흐름으로 작용했다. 집회 시작부터 끝까지 교사 개인이 자발적으로 모인 교사집회 운영팀은 역할을 분담하며 체계적인 시스템을 구축했고, 회차를 거듭할수록 역할이 점차 확장되었다.

집회를 책임지겠다고 온라인 커뮤니티에 나선 총괄자가 집회 운영팀을 온라인으로 모집하고, 대부분은 1주일간 집회 운영의 모든 것을 결정하고 실무를 준비했다. 총괄자를 중심으로 집회 운영팀은 집회의 기획과 운영을 담당했고, 안전팀은 집회 참가자들의 질서와 보호를 맡았다. 재정팀은 투명한 회계 관리를 통해 법적으로 안전한 집회의 지속성을 보장했고, 버스팀은 전국 각지에서 참가자들을 집결시키며 조직력을 확장했다. 언론홍보팀은 언론과의 소통을 통해 집회의 메시지를 대중에게 전달했다. 디자인팀, 공연팀은 진행팀, 홍보팀 등과 유기적으로 연결하며 집회의 구호를 시각화했다.

    각 팀은 치열한 논의를 바탕으로 집회를 기획하고 실행했다. 회차를 거듭하면서 여러 번 집회 운영팀에 합류한 교사들이 생겨 집회 운영을 더 발전시켜 나갔다. 패들렛을 활용한 의견 수렴과 철저한 사전 기획, 투명한 회계 운영, 전국적인 네트워크 구축까지, 교사집회는 기존의 집회 방식과는 차별화된 형태로 진화했다. 그러나 내부적으로는 갈등과 도전도 존재했다. 이너서클 형성과 특정 단체의 개입과 배제, 혐오의 문제, 단체 연합의 공동안 또는 집회 구호에 대한 참가자의 반발, 집회 방식에 대한 논쟁이 있었지만, 대다수의 집행부는 집회의 본질을 유지하며 앞으로 나아갔다.

    이 장은 전국교사집회를 기획하고 운영했던 사람들의 기록이다. 수만 명의 교사가 참여한 역사적인 순간들 그리고 그들을 지탱했던 보이지 않는 노력과 헌신을 담고 있다. 교사집회는 공교육을 지키기 위한 절박한 투쟁이었으며, 이는 우리 교육계에 깊은 흔적을 남겼다.

사회자와 안전팀원

사회자: 교사집회의 중심

교사집회의 사회자는 단순한 진행자가 아니다. 그는 집회의 총책임자이자 상징적인 존재다. 일주일 동안 집행부를 모집하고, 전체 집행부와 팀장 회의를 주관하며, 집회 전날 큐시트를 작성하고, 당일 전체 진행을 총괄한다. 또한 수많은 교사를 대표하는 자리인 만큼 막중한 책임이 따른다.

가장 먼저, 인디스쿨에 집회 운영 책임자를 자임하는 글을 올리고, 집행부와 질서유지 인원을 모집하는 링크를 공유한다. 대부분 집회는 다행히 많은 집행부가 모였고, 다음 날인 일요일 즉시 1차 회의를 진행할 수 있었다. 기존 집회 집행부가 제공한 자료를 참고해 팀과 팀장을 정하고 역할을 배분한다. 집행부 중에는 이전 집회에서 활동한 경험이 있는 이들이 많아 빠르게 정리가 이루어졌다.

　매일 저녁, 전체 집행부 온라인 회의를 진행한다. 회의 시작과 함께 서기를 선정하고, 서기는 회의 결과를 문서로 정리해 공유했다. 진행팀, 재정팀, 디자인팀, 홍보팀, 안전팀 5개 팀은 회의 전 팀장 중심으로 개별 회의를 진행한 후 그 결과를 전체 온라인 회의에서 보고했다. 이후 중요한 안건을 논의하는 시간이 이어졌다. 짧은 시간, 비대면 회의, 얼굴조차 모르는 상황에서도 집행부는 적극적으로 의견을 개진하며 맡은 역할을 성실히 수행했다. 목표가 분명하고 공통의 분노 지점이 있었기에 큰 이견 없이 논의를 원활하게 진행하였다.

　월요일 2차 회의에서는 패들렛을 통해 모은 의견을 바탕으로 집회 제목, 장소, 피켓 문구, 현수막 문구를 확정했다.

　화요일 3차 회의에서는 굿즈, 노래, 퍼포먼스를 논의했다. 기존 검은 복장과 '꿈꾸지 않으면' 노래를 중심으로 하는 분위기에서 벗어나야 할지 의견이 분분했다. 결국 굿즈는 제작하지 않기로 하고, 노래는 분위기에 맞는 곡을 추천받아 결정하기로 했다. 퍼포먼스는 기존 방식에서 크게 벗어나지 않는 방향으로 조율했다.

　수요일 4차 회의에서는 안전팀, 재정팀과 함께 집회 장소를 사전 답사하고, 집회 신고를 직접 접수했다. 진행팀은 발언자를 모집하고 발언문을 검토했으며, 추천받은 노래 중 '꺾인 꽃의 행진'을 부를 참가자를 섭외했다. 집회 전체 진행 순서를 점검하고, 디자인 초안을 검토했으며, 언론에 배포할 보도자료도 준비했다.

목요일 5차 회의에서는 집회 순서를 바탕으로 큐시트를 작성하고, 성명서를 검토했으며, 모금 공지를 올렸다. 추가로 발언을 요청할 대상도 정리했다.

금요일, 마지막 회의에서는 최종 참가자와 실무 점검을 진행했다. 가장 긴장되는 순간은 줌을 통해 모든 집행부와 대면하며 큐시트를 실전처럼 연습하는 시간이었다. 이 시간에는 무엇보다 예상 가능한 돌발 상황과 그에 대한 대응 방안을 논의하는 데 집중했다.

집회 당일 아침에는 한 번도 직접 본 적 없지만 일주일 동안 교사집회를 위해 매일 머리를 맞댄 집행부가 처음으로 모인다. 이후 사회자는 사회자 역할에만 집중한다.

사회자로 참여했던 교사들은 사회자로서 가장 큰 특권이 무대 위에서 수만 명의 교사가 함께하는 모습을 직접 볼 수 있는 것이라고 말한다. 발언에 집중하고 함께 구호를 외치다 보면 집회 두 시간은 순식간에 지나간다. 사회자는 천막에서 잠시 휴식한 뒤, 뒷정리를 한다. 집회 물품을 정리하고 쓰레기를 치운 뒤 근처에 남아 있던 집행부 몇 명과 간단하게 사진을 찍고, 깊은 여운을 남긴 채 인사를 나눈다.

다음 날, 사회자는 인디스쿨에 소감을 공유하고 인수인계 파일을 제공한다. 그 후, 함께했던 집행부들이 어떻게 지내는지는 알 수 없다. 교사집회 이후 서이초 사건 진상 규명과 법 개정을 위한 서명운동에 참여한 이들도 있었고, 학교 현장에서 묵묵히 자신의 역할을 수행하는 이들도 있었다.

사회자에게 가장 든든한 힘은 늘 검은 점으로 묵묵히 참여하고, 더 나은 집회를 위해 의견을 내 주었던 선생님들 그리고 집회의 원활한 운영을 위해 헌신한 집행부 선생님들이다. 이들의 용기로 우리는 11차례의 집회를 함께할 수 있었다.

진행팀: 초행길 운전자를 위한 내비게이션

진행팀은 집회 전체 운영을 총괄한다. 집회 당일에는 발언자 준비와 음향 관리, 사회자를 보조했다. PD와 작가의 역할을 동시에 수행하는 셈이다. 진행팀은 반드시 일주일 동안 매일 대면 회의를 통해 집회를 기획해야 했다. 온라인 회의에서 카메라를 끄고, 실명 대신 별명으로 회의를 진행하며 신상 공개를 꺼리는 분위기가 있었던 9월 4일 집회 집행부도, 진행팀은 첫날부터 카메라를 켜고 논의를 진행했다. 어차피 집회 당일 무대 밑에서 서로 만나야 하기 때문이다.

집행부가 꾸려지면 가장 먼저 집회 의견을 받는 패들렛을 만들어 인디스쿨에 배포했다. 구호, 피켓 문구, 건의 사항, 발언자 추천 등 누구나 의견을 제시할 수 있었다. 많은 동의를 받은 의견은 메뉴 상단에 배치하였다. 자유발언자가 원고를 제출하면 진행팀이 집회 방향에 맞게

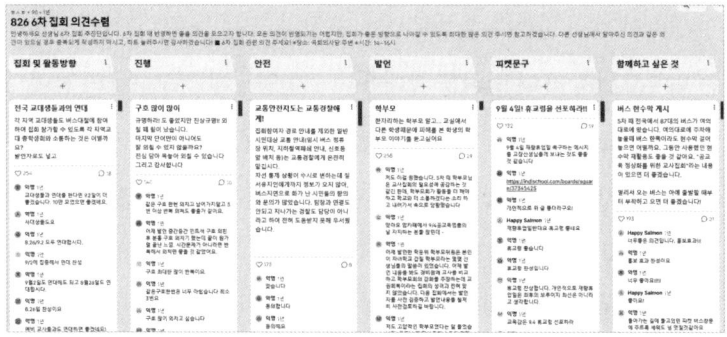

집회 의견 수렴 패들렛

발언자를 선정하고, 섭외를 진행했다. 또한 패들렛에 모인 의견을 종합하여 집회의 중심 구호를 정하고, 공연이나 퍼포먼스 등을 기획했다. 집회의 마무리를 장식하는 성명서 역시 진행팀이 작성했다.

진행팀장은 집회의 큰 흐름을 잡아 다른 팀에 제안했다. 가장 먼저 하는 일은 집회 무대 배경에 넣을 핵심 슬로건과 피켓 문구, 구호를 선정하는 것이다. 진행팀장이 여러 의견을 참고하여 초안을 제안하면 팀에서 다듬어 몇 가지 안을 구성했고, 이를 전체 집행부가 모인 오픈채팅방에서 투표를 통해 확정했다.

이전 집회의 흐름을 계승하면서도 시시각각 변하는 국회와 교육부의 상황에 맞춰 구호와 발언을 배치하는 역할도 진행팀이 담당했다. 1, 2차 집회에서는 추모와 악성 민원 문제를 강조했지만, 3차 집회 이후부터는 법률과 제도 개선, 참여자의 확장에 초점을 맞추었다. 초등교사 중심에서 유치원과 중등교사로, 교장과 교감 등 관리자로, 이후에는 학부모까지 참여 범위를 확대했다. 교원양성대학 교수들의 참여도 중요한 목표였다. 집회의 회차가 쌓이며 진행팀은 교육감과 국회의원까지 참여시켜 교육 당국과 입법기관의 책임과 역할을 강조했다.

진행팀 중 3차 집회 진행팀을 집중해 살펴보자. 가장 화제가 된 멘트였던 '뜨거운 아이스 아메리카노'는 사회자인 '안쩨'가 당일 오전에 집회 시나리오를 수정하면서 추가한 것이다. 3차 집회 진행팀의 기획을 통해 교섭과 집회라는 두 갈래의 가능성을 열었고, 이를 통해 향후 교사집회의 방향성을 제시하는 중요한 기점을 마련했다. 집회 마무리 멘트에 '6개 단체의 공동요구안'을 만들어 달라는 공개 요구를 하였고, 이후 전교조에서 먼저 제안하여 실제로 6개 단체가 모이는 결과를 만들었다. 이후 진행팀은 서이초 선생님의 49재인 '9월 4일까지!'라는 기한을 공개적으로 내세워 교육부를 압박하는 전략을 펼쳤다.

30만 명이 모인 역사적인 9월 2일 7차 집회에서는 시간에 얽매이지 않고 준비한 모든 내용을 선보이고 싶었다. 사전에 준비한 집회 시나리오에는 사회자의 발언이 많았다. 하지만 현장에서 대부분 삭제하였고, 발언자들의 발언 시간을 최대한 확보하였다. 집회를 거듭할수록 교사의 자유발언 신청은 줄어들었다. 진행팀에서 발언자를 직접 섭외해야 하는 상황이 많아지면서 업무 부담이 늘어났다.

섭외가 가장 수월했던 집회는 단연 9월 4일 집회였다. 종교계 인사, 정신건강의학과 의사, '꿈꾸지 않으면'의 작사가, 학생 등 다양한 연대자들이 긴장된 국면 속에서 참여를 희망했다. 섭외 요청을 하면 흔쾌히 응했고, 국회의원들 또한 집회 소식을 듣자마자 발언과 관계 없이 참석하겠다고 확답했다. 여당인 국민의힘 의원들은 당일까지도 확답이 없다가 집회 직전에 순서지를 요청하며 참석 의사를 밝혔다.

9.4 공교육 멈춤의 날인 8차 집회의 가장 앞자리는 간디학교 학생들이 앉았고, 그 뒤로 3개 정당의 다수 국회의원이 집회 시작부터 끝까지 함께했다. 진행팀에서는 징계권자인 교육감을 단체로 참석시켜 교사들에게 안도감을 주고 싶었으나, 대부분의 교육감은 지역 집회에 참석했다.

9.16에 진행한 9차 집회에서는 6개 교원단체 연합에 공식으로 집회 공동 개최를 제안하며, 단체가 이를 수락할 경우 집회 집행부는 해산할 계획을 발표했다. 강력한 투쟁을 위해 단체가 중심이 되어야 한다는 교사들이 늘어났기 때문이다. 하지만 6개 단체에 확인한 결과, 대부분은 기존의 방식대로 집회를 열기를 원했다.

9월 4일 공교육 멈춤과 49재 집회를 마친 이후, 집회 주최에 변화가 없는 상태에서 진행팀은 달라진 상황에 맞춰 필요한 발언을 배치해야 했다. 집회 집행부에서 발언을 희망하는 이들에게 원고 제출을 요청했으며, 중등 총괄교사가 '광장의 수업'이라는 주제로 현재 문제 상황과 집회의 경과, 향후 방향에 대해 발표를 진행했다. 진행팀이 가장 공들인 부분은 '광장의 수업'을 통해 앞으로 나아갈 길을 제시하는 것이었다.

이 시기 교원단체의 공동안에 포함한 '사례판단위원회(사판위)' 이슈가 급부상하며 논란이 커졌다. 개인 피켓을 엄격히 금지했던 교사집회였으나, '사판위 반대' 피켓을 만들어 배포하는 움직임이 나타났다. 나아가 일부 참가자들은 무대 난입을 기획하며 오픈채팅방을 개설해 참여자를 모집하기도 했다. 그러나 이전 집회 운영 경험이 있던 몇몇 교사들이 나서서 혼란을 정리하며, 집회를 원활하게 진행할 수 있도록 조율했다.

처음 집회를 시작할 때만 해도 집회 참여자들은 대부분 집회 운영팀에 무조건적인 지지를 보내 주었다. 하지만 회차를 거듭하며 집회 참여자들은 점점 참가자에서 주체로 변했다. 49재를 앞둔 대형 추모 집회에서 상품을 걸고 진행한 댄스 챌린지가 논란의 시작이었다. 당시 집회 집행부의 각 팀장들조차 해당 이벤트를 전혀 알지 못했다. 나중에 확인해 보니 일부 소수가 의견 교환을 통해 결정한 것이었다. 이후 팀장 회의를 통해 집회 운영비 사용 내역을 확인하고 챌린지를 취소하는 동시에 공식 사과문을 게재했다. 9월 4일 집회의 개최 여부를 놓고 뜨거운 논란도 있었다.

3차 집회 집행부가 모여 오픈채팅방을 개설하고 협의를 시작하자, 누군가 이전 집회 운영자를 초대해 조언을 구하겠다고 했다. 그 교사는 채팅장에 등장하자마자, 집회 집행부에게 '개인 운영 방식에서 벗어나 노조와 단체에게 주최를 넘기라'고 주문했다. 이유로는 더 이상 집회 참여자는 늘어나지 않을 것이며, 만일 실패하더라도 그 책임을 단체에 넘기는 것이 바람직하다는 것이었다.

그 교사의 진정한 의도를 알 수는 없다. 하지만 집회를 총괄하겠다고 나섰지만 정작 당일에는 개인 사정으로 참여할 수 없다는 집회 총괄자, 매회 독립적인 운영 구조를 유지하는 각 운영팀 방에 갑자기 이전 운영자를 초대하여 집행부 해산을 종용하는 행위, 전교조를 비롯한 여러 단체가 교사집회에서 영향력이 큰 교사 개인에게 접촉했다고 주장하며 거짓 정보를 유포하는 등 집회 자체를 흔들려는 시도로 볼 수밖에 없는 행위였다. 결국 집행부 내부에서 그 교사의 의견이 옳다는 소수의 흔들림과 부담, 어떻게든 해내겠다는 의지가 부딪혔다. 집행부는 해산했고, 새롭게 재정비하였다. 이후 전교조에 확인한 결과, 그 교사와 따로 접촉한 사실이 없다는 답변이 돌아왔다.

교장단 성명서를 조직한 핵심 인물이 전교조 출신이라는 이유로 무대에서 배제해야 한다는 익명의 투서가 들어온 일도 있었다. 확인 결과, 성명을 주도한 인물은 교사 시절 전교조 활동을 했으나 교장이 되면서 전교조를 탈퇴하였고, 당시에는 한 교원단체의 대표였다. 단체의 대표가 발언을 하면 안 된다는 집회 원칙에 따라 발언자를 다른 인물로 교체하였다.

출신 성분만 문제가 된 것은 아니다. 특정 단체에서 기존에 시도했던 것을 배제하자는 주장도 있었다. 3차 집회 진행팀장이 대형 현수막 퍼포먼스나 양산 퍼포먼스를 제안했지만, 민주노총에서 사용하는 방식이라는 이유로 받아들여지지 않았다. 특정 형식을 배제하면 앞으로 아무것도 할 수 없게 되며, 현수막 퍼포먼스는 2002년 월드컵에서도 큰 호응을 얻은 것이라고 주장했으나, 결국 안전 문제로 진행하지 못했다. 그러나 6차 집회에서 처음 시도하였고 반응은 뜨거웠다. 이후 큰 호응을 얻으며 대형 현수막 퍼포먼스는 교사집회를 대표하는 퍼포먼스로 자리 잡았다.

6차 집회에서는 강민정 국회의원의 발언 여부를 두고 논란이 발생했다. 진행팀에서는 거대 양당 모두에게 형평성을 고려하여 발언권을 줘야 한다는 의견과 여당이 참여하지 않을 경우 야당 국회의원 단독 발언도 필요하다는 의견이 대립했다. 여당 국회의원이 참여하지 않은 상황에서 강민정 의원이 단독으로 발언할 기회가 생기자, 일부는 이를 두고 집회 원칙의 훼손이라고 강하게 반발했다.

집회가 끝난 후 일부 인사들은 전교조 교사들이 집회 진행팀과 집행부를 장악하고 전교조 출신 국회의원의 단독 발언이 가능하게 의사 결정을 주도했다고 주장했다. 하지만 이는 사실이 아니었다. 실제 의사 결정 과정을 확인해 보니 전교조 소속 집행부는 야당 의원의 단독 발언에 반대하였다. 어째서 그런 의견을 냈는지 물어보자 1차 집회가 끝난 뒤 발생한 오해와 언론 보도로 거센 비난을 받았기에 매우 조심스러웠으며, 집회 집행부에 참여했더라도 전교조 출신 야당 국회의원 단독 발언에 찬성표를 던지기 어려웠다는 이유를 들었다.

9차 집회 진행팀은 공연팀을 포함해 새로운 집회 형식을 시도하고자 했다. 그러나 공연팀 내부에서 공연자 중에 전교조에서 활동하는 유명한 인물들이 있다며 문제를 제기했다. 사실 교사들 사이에서도 그들이 전교조에서 활동하는 인물인지 아닌지를 아는 경우는 드물었지만, 끈질기게 문제를 제기하며 논란을 지속했다. 이 과정에서 각자의 단체 소속 여부를 두고 긴장이 생기기도 했다.

교사집회 내내 진행팀은 초행길 운전자를 위한 내비게이션이었다. 여러 갈래의 길을 만들고, 최적의 길을 찾으며, 가다가 길을 잃어도 금방 새로운 길을 개척했다. 혼란스러운 상황에서도 교사집회가 앞으로 나아가도록 길을 안내한 것은 진행팀이었다. 그리고 5명 남짓한 인원이 단 일주일 동안, 처음 만나는 사람들이 치열하게 고민하며 만들어 낸 그 길이 옳기를 바랐다.

안전팀: 집회의 안전 울타리

안전팀 사람들은 가장 이른 시간에 집회 장소에 나와, 가장 늦은 시간에 조끼를 벗으며 서로를 확인하는 사람들이었다. 경찰에 집회 신고를 하고 나면, 집회 참석 예상 인원수의 1/10에 해당하는 질서유지 요원 명단은 금방 채워졌다.

당일 집회 운영과 참가자의 안전을 책임지는 핵심 역할을 맡은 안전팀은 팀장과 팀원으로 구성되었다. 안전팀장은 집회 당일 경찰과 소통하며 질서유지 요원을 통해 참가자들이 안전하게 집회에 참여하도록 돕는 역할을 맡았다. 안전팀원은 집회 당일 집회 장소의 구역을 나누어 안내선을 만들고, 안전 봉사자 등을 운영하며, 피켓 및 얼음물 배포, 구급차 대기, 전국에서 올라온 버스 승하차 안내, 대중교통을 이용한 참가자들의 집회 장소 안내, 집회장 내 질서유지 등의 역할을 수행했다.

집회 참가자가 만 명을 넘어서면서 경찰과 협의하는 일은 필수 과정이 되었다. 경찰은 시민 불편을 이유로 집회 장소를 최소한으로만 허용하려 했고, 집회 주최 측은 더운 날씨와 열악한 환경 속에서 참가자들이 불편함 없이 참여할 수 있도록 공간 확보를 위해 노력했다. 집회 구역을 놓고 경찰과 실랑이가 벌어지는 일은 필연적이었다. 집회를 준비하던 교사들 중 처음부터 경찰과의 협상을 예상한 사람은 없었다. 그러나 만 명이 넘는 참가자들이 자리 부족으로 참여하지 못하는 상황을 방지하기 위해서는 경찰과 적극적으로 협상할 인물이 필요했다. 안전팀장이 그 역할을 맡았다.

안전팀은 사전 답사를 통해 집회 구역을 나누고 역할을 배정했다. 방학 기간이라 평일에 답사가 가능했고, 안전팀 교사들은 경찰, 음향 업체와 함께 현장을 점검하며 공간을 배치했다. 지방에서 올라온 참가자들은 서울 지리에 익숙지 않아 길을 헤매는 경우도 많았지만, 팀원들이 서로 협력하며 중요한 역할을 분담했다. 인디스쿨 사무실에 보관해 두었던 안전팀 형광 조끼는 집회 당일 사용하고 세탁과 정리를 한 다음 다시 인디스쿨 사무실에 보관했다. 안전팀원들은 구역별, 역할별로 단톡방을 나누어 업무를 조율했다. 온라인에서 대화를 나누며 닉네임으로 소통하는 경우가 많아, 오프라인에서 얼굴을 마주해도 서로의 본명을 모르는 경우도 많았다. 약 150~200명의 교사가 안전봉사자로 참여했고, 이들은 2만~30만 명 이상의 참가자들이 안전하게 집회에 참여할 수 있도록 역할을 나누었다. 책임감만큼이나 실무 능력이 중요한 일이었다. 빠진 부분을 빈틈없이 채워 준 이들은 오랜 경력의 선배 교사들이었다. 그들은 조급한 순간에는 쉬어 갈 공간을 마련해 주었고, 지친 순간에는 든든한 그늘이 되어 주었다.

몇몇 선배 교사들은 집회마다 안전 조끼를 입고 거리에 나섰다. 한 번, 두 번 그리고 여러 차례 집회에서 얼굴을 마주하게 되면서 그들과의 인연은 현장뿐 아니라 교사로서의 미래를 고민하는 계기가 되었다. 이들은 후배들에게 든든한 버팀목이 되어 주었고, 그들의 헌신은 후배 교사들에게 '어떤 선배가 될 것인가'를 고민하는 기회가 되었다.

집회에는 다양한 역할이 있지만, 안전팀에 참여한 이들은 한결같이 몸을 움직이는 역할을 선택했다. 더 큰 책임을 지는 일에는 부담을 느끼지만, 몸을 움직이며 타인을 돕는 역할을 마다하지 않았다. 이러한 경험은 이후 집회 집행부로 참여하는 계기가 되었다. 작은 참여에서 시작한 기여가 점차 커지는 순간이었다.

재정팀: 든든한 투명 주머니

집회 운영에 필요한 자금은 공개 후원금으로 조달했다. 집회 참여자가 늘어나고 규모가 커지면서 운영 자금의 관리도 점점 중요한 과제가 되었다. 후원금을 받는 계좌 개설과 회계 처리는 교사 개인이 감당하기 어려운 부분이 많았다. 특히, 개인이 모금을 받는 방식은 기부금법 위반 가능성이 있어 3차 집회부터는 인디스쿨의 협조를 얻었다. 인디스쿨과 사람과교육연구소는 교사집회의 재정 운영을 위해 든든한 우산 역할을 해 준 법인이었다.

인디스쿨은 재정적인 회계 처리뿐만 아니라, 집회가 열리는 주말마다 사무실 보안 잠금장치 해제 방법을 공유하고, 매번 달라지는 집회 집행부에게 친절한 안내를 해 주었다. 이에 대해 인디스쿨 사무국 관계자는 "이런 역할을 할 수 있게 된 것이 운명처럼 느껴진다"고 말하기도 했다.

긴장감이 높았던 9.4 공교육 멈춤의 날 집회에서 사람과교육연구소의 정유진 선생님이 없었다면 49재 집회는 더 큰 어려움을 겪었을 것이다. 인디스쿨 초창기 활동가이자 현재 인디스쿨 '인디뜨락'에서 정유진-행복교실을 운영하고 있는 '지니쌤' 덕분에 전국 여러 지역에서 49재 집회를 위한 자금을 성공적으로 모금할 수 있었다.

집회를 공지하고 운영팀을 공개 모집하면 필요한 인원이 빠르게 마감된다. 그러나 재정을 다루는 일은 부담이 큰 자리이기에, 재정팀은 다른 팀보다 상대적으로 늦게 마감되는 경우가 많았다. 집회 운영에서 재정팀은 교사집회의 자발성과 투명성을 드러내는 핵심적인 팀이었다. 재정팀은 물품을 구입하고 회계를 처리하는 일을 기본으로 여러 실무를 담당하였다. 우선, 인수인계서에 정리된 물품 수량과 실제로 인디스쿨에 남아 있는 물품을 대조하며 추가로 구입해야 할 항목과 집회 당일에 구입할 물품을 정리했다. 이를 위해 평일에 인디스쿨 사무실을 방문하여 확인 작업을 진행했다.

또한, 집회 당일에는 1톤 용달 트럭을 계약하여 트럭 기사와 함께 인디스쿨 사무실에서 집회 장소로 물품을 운반하고, 집회가 끝난 후 다시 정리하여 반납하는 역할을 했다. 집회마다 집행부가 달라지면서 방식과 절차도 조금씩 변했지만, 기본적인 흐름은 유지되었다.

재정팀은 교사들의 소중한 후원금을 허투루 쓰지 않기 위해 비용을 아끼는 데 최선을 다했다. 그러나 안전 조끼 세탁·건조 과정에서 주머니에 남아 있던 립스틱이나 펜이 터져 사용할 수 없게 되는 일이 생기기도 했다. 이를 계기로 재정팀은 집회 후 물품 정리 방법을 정리하여 집회 준비팀 단체소통방과 질서유지인 소통방을 통해 안내했다. 후원금이 헛되이 쓰이지 않도록 철저히 관리하려는 노력이 곳곳에서 이루어졌다. 집회를 거듭할수록 운영 방식은 체계화되었으며, 정산 자료는 점차 간소화되었다. 집회가 끝나면 재정팀은 내역을 정리하여 인수인계 파일로 기록하고, 이를 다음 집회 팀에 전달했다.

아래 글은 3차 집회 후 안지혜(안제) 사회자가 팀별 평가를 정리하여 인디스쿨에 공개한 내용 중 재정팀과 관련된 일부이다.

3. 재정팀

※ 더 자세한 사항은 인디스쿨 측에서 노션 사이트를 제공함. 참고해서 운영하면 됨. 세금계산 등이 법인 앞으로 되기 때문에 고민 없이 물건 주문에 집중할 수 있음.

1) 인디스쿨에서 일정 금액을 선지급해 주심(1천만 원 정도). 통장 0원짜리 사용 추천.
2) 계좌이체 후 세금계산서 발급(인디스쿨 사업자등록번호), 무조건 체크카드로 결제!
3) 음향업체 지출은 인디스쿨에 부탁(전체 80% 이상 차지함).
4) 주문하는 물건은 가격보다 빠른 도착이 우선. (인디스쿨 노션 사이트, 주소 등 참고)
5) 당일 팀별 비상 지출 시, 체크카드 또는 현금영수증 발급할 수 있도록 사전에 안내하기.

☞ 물품을 담을 이사용 박스 구입해서 받는 곳을 인디사무실로 해 주세요.

☞ 추가로 필요한 것(구역 표시용 노끈, 청테이프 등) 정리되었으면 물품 주문해서 인디사무실로 배달해 주세요.

☞ 손피켓은 무조건 당일 집회 장소로 배송되는 업체와 계약.
(배송비 또는 용달 비용보다 피켓값을 더 주는 것이 절약됨)

이전 집회에서 남았던 물품을 보관했다가 재사용하는 것처럼 비용을 낭비하지 않기 위해 절약하려고 애쓰면서도, '구역 표시 사용을 위해서 노끈과 청테이프 구입'과 같이 안전을 위해서는 비용을 아낌없이 썼다.

재정팀과 인디스쿨, 사람과교육연구소가 있었기에 집회의 지속성과 안정성을 보장받을 수 있었다. 이들은 단순한 회계 관리자나 관련자가 아니라, 집회의 원활한 진행을 위해 보이지 않는 곳에서 최선을 다한 조력자들이었다.

버스팀: '검은 점'을 묶는 연결 고리

버스팀은 전국 곳곳의 '검은 점'들을 하나로 묶는 강력한 연결 고리이자 혈관 같은 역할을 했다. 대절 버스는 2차 집회부터 시작되었다. 최초 교사집회 제안자인 인디스쿨의 '굳잡맨'은 보신각 앞 1차 집회가 끝나고 일부 남은 금액을 2차 집회 참가자들의 버스비에 지원하겠다는 제안 글을 올렸다. 집회 집행부가 모였던 것처럼 오픈채팅방에 지역마다 버스를 출발시켜 보겠다는 지역버스 집행부로 자원하는 사람들이 들어왔다. 지역버스를 집행하는 선생님들은 지역별로 오픈채팅방을 만들고, 참가하는 인원에 맞게 버스를 대절했다.

버스 탑승을 희망하는 선생님들은 지역별 오픈채팅방으로 입장해 최소 참가비 1만 원씩을 지불했다. 3차 집회부터는 인디스쿨에서 집회 모금이 시작되었고, 버스비는 모금한 금액으로 충당하였다. 처음에는 몇몇 광역시와 지역의 대도시에서 버스가 조직되었다. 하지만 집회가 거듭될수록 그 규모와 출발지는 더욱 확대되었고, 지역의 소도시에서도 버스가 출발하였다.

2차 집회 때 45대의 버스로 시작했던 버스의 규모는 집회를 거듭할수록 규모가 점점 늘어났다. 4차 집회에서는 78대, 5차 집회에서는 86대, 6차 집회에서는 92대였으며, 9월 2일 7차 집회에서 절정을 이루었다. 7차 집회는 버스가 출발했던 장소만 해도 경기 18곳, 강원 7곳, 충남 11곳, 충북 3곳, 전북 10곳, 전남 4곳, 경북 8곳, 경남 16곳에 이르렀다. 광역시까지 포함하면 총 80여 곳이었다. 제주 참가자를 위해 항공권 일부를 지원했고, 600여 대의 버스에 18,000여 명이 참가했다. 시민단체, 교장단 등에서도 버스를 운영했다는 소식도 있었기에 비공식으로 빌린 버스까지 합한다면 그 이상일 것으로 예상한다.

교사뿐만 아니라 가족 그리고 집회에 함께 참여하고 싶은 예비교사들에게도 버스를 지원하는 등 지원 스펙트럼도 광범위했다. 여의도로 모인 수백 대의 버스를 원활하게 주차하고 정리하는 과정은 집회 운영팀과 함께 치밀하게 준비했다. 주차부터 다시 출발할 때까지 도착 버스의 위치를 실시간으로 공유하고 안내했다.

9.4 공교육 멈춤의 날에는 버스를 운영하는 교사들의 신분을 보호해야 했기에, 오픈채팅방을 익명으로 운영하였다. 이미 구축된 운영

방식이 있었기에 큰 혼선 없이 안정적으로 버스를 운영할 수 있었다. 이는 지역별 담당자가 바뀌는 상황에서도 지속적으로 노하우를 공유하는 시스템이 갖추어졌기에 가능했다.

교사집회의 이색적인 문화 중 하나로 '지역 깃발'을 꼽을 수 있다. 차량의 출발지를 알리기 위해 처음에는 광주1, 부산1, 대구1, 세종1 등 지역명과 호수가 적힌 작은 깃발을 만들어서 썼다. 이후, 집회 집행부가 깃발을 통일하지 말자는 요청이 있었고 이때부터 다양한 깃발을 제작하는 것이 유행처럼 번지기 시작했다. 용인의 푸바오, 강릉의 반다비, 대전의 꿈돌이와 성심당, 부산의 갈매기, 울산의 고래, 전주 초코파이, 정읍의 사발통문, 안동의 하회탈 등 지역의 특색이 드러나는 상징물 그림이 들어가거나 인형을 매단 깃발이 등장하기 시작했다. 급기야는 빗자루, 잠자리채까지 들고 나온 교사들도 있었다. 주말마다 있는 힘든 투쟁 속에서도 해학으로 이겨 내기 위한 교사들의 마음이 돋보이는 광경이었다.

전국 각지의 버스 담당자들은 실시간으로 정보를 공유하며 긴급 상황 발생 시 서로를 도우며 유기적인 협력 체계를 구축했다. 한 사례로, 집회 장소로 향하던 버스가 고속도로에서 사고가 난 적이 있었다. 수리 시간을 감안하면 집회 시작까지 도착하기 어려운 상황이었다. 이 소식이 전국 버스 담당 채팅방에 전해지자, 다른 지역에서 출발한 버스 중 여유 좌석이 있는 차량들이 사고 버스에 탑승했던 교사들을 나누어 태우며 위기를 극복했다.

9월 2일 7차 집회 참석을 위해 광주에서는 약 1,400명의 교사가 버스 신청을 했다. 기존에는 5~7대의 버스로 운영했으나, 이 인원을 수송하려면 약 50대의 버스가 필요했다. 지역 내 버스로는 어려워 인근 담양과 장성에서도 추가 버스를 마련했다. 버스 확보 과정에서 많은 교사가 직접 나서며 연대의 힘을 보여 주었다. 버스 인솔을 맡을 차량 담당자를 모집하는 과정에서도 교사들의 자발적인 참여가 이어졌다. 광주에서는 출발 장소를 6곳으로 분산해 운행이 원활하게 이루어지도록 조율했다. 이 같은 노력은 광주뿐만 아니라 전국 각지에서 이루어졌으며, 버스를 마련하고 운영하는 과정에서 수많은 미담이 전해졌다. 간식 나눔, 어린이들을 위한 배려, 후원금이나 후원 물품 지원 등, 검은 점들이 연대의 끈으로 이어지는 순간이었다.

버스 탑승지 근처의 아파트에 거주하는 교사들은 아파트 주차장을 집회 참가자들에게 제공했다. 차량 번호를 사전에 등록하면 방문자 주차가 가능하도록 지원해, 참가자들이 주차비 걱정 없이 집회에 다녀올 수 있도록 돕는 세심한 마음도 발휘했다.

전국교사집회의 대규모 버스 운행은 지역별 총괄 담당자, 재정팀, 개별 버스의 인원 점검을 맡은 수많은 교사의 헌신적인 노력으로 가능했다. 9월 4일 집회를 마무리할 때, 집회 집행부는 "이번에는 전국 버스 선생님들을 먼저 보내자"며 말했다. 수많은 교사가 자리에 앉아 뜨거운 박수를 보내며, 버스팀을 배웅했다. 전국 곳곳에서 새벽에 일어나 버스를 타고 까만 밤이 되어서야 집으로 돌아가는 교사들과 전국을 이어 집회의 흐름을 만든 이들을 향한 감사의 마음이었다. 그 순간이 야말로 버스팀의 하이라이트였다.

언론홍보팀: 집회 안과 밖을 잇는 연결 고리

교사집회 운영팀 중 집회 참가자들과 가장 많은 소통을 하는 팀이 언론홍보팀이다. 언론홍보팀은 집회 운영팀 내부에서 논의하고 결정한 사항을 대외로 전달하는 공식 창구 역할을 한다. 집회 집행부가 치열한 고민 끝에 조율한 내용이 언론홍보팀을 통해 세상에 공개된다. 언론 보도를 위한 보도자료를 작성하고, 집회의 주요 메시지를 정리하여 배포하는 역할도 맡는다. 단순한 정보 전달에 그치지 않고, 집회의 흐름을 기획하고 조정하는 전략적 기능도 수행한다.

또한, 언론홍보팀은 참여자들의 반응을 실시간으로 모니터링하며, 더 많은 교사가 집회에 동참할 수 있도록 유도하는 역할도 한다. 사회적 관심을 높이고 참여율을 극대화하기 위한 전략을 세우는 과정에서 언론홍보팀의 역할은 더욱 중요해진다.

집회마다 언론홍보팀의 구체적인 역할이 조금씩 달랐지만, 공통으로 핵심적인 역할을 수행했다. 내부와 외부를 잇는 소통의 연결 고리로서, 집회의 메시지를 대중과 공유하고 참여를 독려하는 과정에서 언론홍보팀은 교사집회의 성장을 이끄는 중요한 축이 되었다.

언론홍보팀은 집회 시작 전에 각종 SNS를 활용한 홍보와 사전 보도자료 배포, 언론사 접촉을 담당했다. 또한, 집회 참여자들에게 기본 정보를 안내하고 문의를 받는 역할도 수행했다. 주요 소통 창구는 오픈채팅방이었다.

오픈채팅방의 최대 수용 인원은 1,500명이었지만, 모든 교사집회의 참여 인원이 이를 초과했기 때문에 최소 2개 이상의 채팅방을 운영했다. 언론홍보팀은 집회가 시작되기 전, 참여자들이 정보를 쉽게 접할 수 있도록 채팅방을 개설하고, 집회 일시와 장소, 피켓 이미지, 구호, 출구와 구역 안내도, 개방 화장실 약도 같은 필수 정보를 공유했다. 단순한 정보 전달에 그치지 않고, 채팅방 관리자로 활동하며 거짓 후원 계좌 등의 잘못된 정보가 유포되지 않도록 감시하고, 참여자들의 반응을 모니터링하여 집행부에 전달하는 역할도 수행했다.

언론홍보팀은 SNS를 적극적으로 활용해 집회의 운영을 지원했다. 특히 인스타그램의 홍보 효과가 높다는 판단 아래, 초기부터 집회를 알리던 기존 계정들과 협력해 디자인팀이 제작한 포스터와 홍보물을 배포했다. 별도 공식 계정을 개설하자는 의견도 제기되었으나, 계정이 분산되면 참가자들에게 혼란을 줄 수 있다는 점과 각 집회의 독립성을 고려했을 때 지속성이 떨어질 가능성이 있다는 이유로 기존 계정을 활용하는 방안을 선택했다. 그러나 시간이 지나며 개인이 운영하는 인스타그램 계정들이 악의적인 공격을 받는 일이 일어나면서 SNS 홍보에 어려움이 따르기도 했다.

이 외에도 언론홍보팀은 대학생 커뮤니티인 에브리타임, 주요 포털 사이트의 카페, 초등교사 커뮤니티인 인디스쿨의 라운지 및 추모 집회 게시판, 디스코드 등을 활용해 집회 관련 정보를 정리하고 확산시켰다. 집행부의 활동이 집행부 외부로 효과적으로 전달될 수 있었던 데는 언론홍보팀의 기여가 컸다.

또한, 언론홍보팀은 집회 전 간략한 집회 계획과 함께 식순, 성명서, 발언자 발언문, 포스터 및 피켓 이미지 등을 포함한 보도자료를 언론사에 배포하는 역할도 맡았다. 이를 위해 기자들의 이메일 주소를 정리하는 작업을 선행하였다. 초기 집회에서는 독립성을 강조하며 인수인계를 금지했던 탓에 언론 메일링 작업이 원활하지 않았다. 이를 보완하기 위해 언론홍보팀 구성원들은 자신이 속한 노동조합이 보유하고 있는 목록을 추가하거나, 언론사 홈페이지를 활용해 관련 기사를 작성한 기자들의 이메일을 수집했다.

보도자료에는 언론홍보팀의 공식 연락처를 기재하여 언론 응대 창구를 일원화했다. 또한, 보도자료를 기반으로 한 질문 및 응답 가이드라인을 작성해, 집회와 관련한 질의에 일관된 응답을 제공할 수 있도록 했다. 이외에도 사전 취재 요청이나 집회 진행 관련 문의를 직접 응대하고, 채팅방을 통해 필요한 정보를 공유하며, 당사자의 의사를 존중하는 면담이 이루어질 수 있도록 조율하는 역할을 수행했다.

집회가 진행되는 동안 언론홍보팀은 언론 대응과 집회 관련 안내 사항 홍보를 담당했다. 사전 보도자료를 받지 못한 기자들을 위해, 미리

복사한 보도자료를 준비하여 현장에서 배포했다. 또한, 최종 보도자료 발송을 위해 기자들의 명함을 받아 주소록을 업데이트했다.

본부에 배치된 언론홍보팀원들은 기자들이 식순이나 성명문에 대해 문의하는 경우를 대비하여, 관련 문서를 무대 옆에 부착하고 응대할 수 있도록 조치했다. 집회 운영팀과 질서유지인들에게도 언론사의 면담 요청이 들어올 경우 언론홍보팀이 공식적으로 응답할 수 있도록 사전 안내했으며, 가이드라인을 숙지한 팀원이 인터뷰를 진행하도록 하여 일관된 답변을 제공했다. 특히, 발언자 정보 공개 여부와 같은 민감한 사항은 사전에 여러 차례 검토하고 조율했다.

9월 4일 집회는 평일에 열렸으며, 서이초 교사 49재라는 상징적인 의미가 더해져 수많은 기자의 면담 요청이 쇄도했다. 이로 인해 언론홍보팀만으로는 모든 인터뷰 요청을 감당하기 어려운 상황이었고, 진행팀과 타 집행부에 가이드라인을 공유하여 응대할 수 있도록 했다. 또한, 해외 언론의 관심도 높아 로이터, CNN, 아사히 신문 등에서 인터뷰 요청이 들어왔다. 이를 대비해 영어 인터뷰 담당자를 지정했으나, 요청이 폭주하면서 해외홍보팀 K-teachers의 지원을 받기도 했다.

언론홍보팀은 집회 당일 실시간 상황을 전달하는 역할도 수행했다. 무전기를 통해 출구 폐쇄 여부 등 안전 관련 정보를 확인한 후, 이를 SNS를 통해 참가자들에게 안내했다. 특히 디스코드는 문자메시지 방식으로 공지를 전송할 수 있어, 집회 참여자들에게 효과적으로 정보를 제공하는 도구로 활용되었다. 또한, 단체 채팅방을 통해 긴급 상황을 파악하고 이를 안전팀과 집행팀에 전달하거나, 피켓 같은 물품이 부족한 경우 재정팀에 알리는 등 집행부가 원활하게 움직일 수 있도록 조율하는 역할을 했다.

집회가 끝난 후, 언론홍보팀은 다음 집회를 대비해 운영했던 SNS 채널을 정리했다. 최종 보도자료는 사전에 준비한 내용을 바탕으로 집회 상황을 일부 반영하여 즉시 발송했다. 또한, 집회 이후에도 발언자 연결이나 면담을 요청하는 언론의 연락이 이어졌기 때문에, 차기 집행부가 구성되기 전까지 직접 응대하거나 적절한 담당자에게 연결하는 역할을 했다. 이를 통해 집회 운영팀이 교체되는 과정에서도 언론사와의 혼선을 최소화하고, 집회의 메시지가 일관되게 전달될 수 있도록 했다.

각 집회의 언론홍보팀원은 자신이 접근할 수 있는 다양한 수단을 활용하며 적극적으로 움직였다. 이들은 독립적인 '홍보팀 개인'으로서 창의적이고 능동적인 역할을 하는 동시에, 집회 운영팀의 기조를 파악하고 일관된 방향성을 유지하는 '언론팀 개인'으로서 조직적인 움직임을 만들어 갔다.

이러한 책임감과 헌신이 있었기에, 언론홍보팀은 단순한 정보 전달을 넘어 집회의 중요한 한 축으로 자리 잡을 수 있었다.

서이초 교사 순직 1주기에 전국교사집회를 돌아보다

순직교사 1주기, 교사집회를 말하다

집담회 참여자들

지난해 여름, 전국 교사들은 서이초 청년 교사의 안타까운 죽음을 추모하며 뜨거운 아스팔트 위에서 '교사 생존권 보장'과 '공교육 정상화'를 외쳤다. 11차례의 전국교사집회에 연인원 80여만 명의 교사가 모인, 대한민국 교육 역사상 유례없는 광경이 광장 위에 펼쳐졌다.

〈교육희망〉은 전국교사집회 또는 지역교사집회에 참여한 조합원 중 집담회 참여를 희망한 조합원 16명을 2024년 7월 6일 교육희망 전교조회관에 초대하여 집담회를 열었다.

김지희 사회자

안녕하세요? 집담회 사회를 맡은 5차 교사집회 사회자 김지희입니다. 이렇게 많은 분이 한자리에 모이기가 쉽지 않은데 집담회 참가 신청을 해 주셔서 감사하고, 자리를 만들어 주신 〈교육희망〉에도 감사드립니다. 며칠 후인 7월 18일은 서이초 선생님이 돌아가신 지 1주기가 되는 날입니다. 먼저 서이초 선생님과 우리가 알지 못한 수많은 선생님의 안타까운 죽음을 다시 한번 기억하고 추모하는 의미에서 묵념으로 집담회를 시작하겠습니다. 다 함께 묵념!

오늘 이 집담회에서는 교사집회 참여 동기, 기억에 남는 순간, 현장의 변화와 이후 전교조의 과제 등을 중심으로 이야기를 나누려고 합니다. 총 5가지 질문을 드릴 예정이고 답변에 대한 키워드를 스케치북에 적어 주시면 됩니다. (키워드는 #○○○으로 표기)

이야기 1_ 교사집회에 참여하게 된 동기는 무엇인가요?

안지혜 *#엎지마!*

저는 3차 집회 사회자와 9.4 집회 집행부 일을 했어요. 처음엔 검은 점으로만 참여하려고 했어요. 그런데 2차 집회 후 한 주 쉬자는 의견이 나오면서 3차 집회가 엎어졌어요(취소되었어요). 그때 참 실망스럽고, 황당한 마음도 컸어요. 그래서 총괄할 사람이 없다길래 교사들의 목소리를 이어 가야 한다는 생각으로 사회를 맡았어요. 이후 9.4 집회 때도 엎자는 분위기가 있었죠. 내가 아니더라도 누구라도 당연히 진행할 테지만 집회가 엎어지는 게 두렵고 싫어서 진행팀, 언론팀, 홍보팀에 적극적으로 나서게 되었어요.

이기백 *#1정 연수장에서의 분노*

저는 충북 버스 총괄과 홍보팀 등에서 활동했어요. 서이초 사건이 있고 3일 뒤에 1정 연수를 받았는데 연수자들이 서이초 선생님과 다들 비슷한 또래라서 1정 분위기는 슬프고 침체된 분위기였죠. 그런데 충북 교육감이 연수장에 와서 서이초 사건을 언급하며 "학교에서 힘든 일을 당하지 않으려면 학부모들을 상대할 때 눈에 힘을 주어야 한다"고 연설을 시작했고, "교사라면 학생들을 대할 때 '예비 살인자'라는 의식을 가져야 한다"며 망언을 했어요. 이 말을 듣자 큰 분노가 일었고, 뭐라도 해야 할 것 같아 집회 참여를 결심했죠. 교육감의 망언 이후, 청주 버스가 1대에서 2대, 3대… 점점 늘어났어요.

김유리 *#버스가 부럽다*
저는 제주 지역 비행기 담당과 지역 집회 사회자를 했어요. 일하게 된 시작은 매주 서울 집회에 어느 어느 선생님이 참여한다는 소식을 들으며 '함께 더 많이 올라갈 수는 없을까?' 그 생각부터였어요. 다른 지역은 버스 한 대 40명, 개인당 1만 원 정도만 내면 되지만 7, 8월 성수기라 제주에서는 항공료만 20만 원 정도가 들거든요. 개인적으로 올라가시는 선생님들이 대단하다 생각했어요. 그래서 교육청 메신저로 함께 참여할 선생님들을 모았고, 이후 인디스쿨에서 경비 지원도 받았어요. 7차 9.2 집회 때 제주에서 200명이 참여했어요. 대단한 인원이었죠. 항공료 정산하는 데 일주일 넘게 걸렸지만, 그 과정에서 선생님들을 많이 알게 되었고, 그분들과 9.4 제주 집회도 함께 준비할 수 있었어요.

최선정 *#청계천 보신각*
7월 22일 청계천에서 열린 전교조 주관 추모행동 집회와 보신각에서 열린 1차 교사집회에 참여했습니다. 당시 1차 집회에 참여한 5천여 명 교사들의 '추모 열기'와 '분노'가 심상치 않다는 게 확 느껴지더군요. 선생님들의 목소리가 잘 전달될 수 있도록 뭔가 도움이 되는 일을 해야 한다는 생각이 들어 운영팀에 참여했습니다.

이야기 2_ 교사집회에서 가장 기억에 남는 순간은 언제인가요?

신다솔 *#교육감의 뻘짓*

부산 버스 담당을 맡았고, 이 과정에서 교사들을 많이 만났어요. 부산은 교육감이 '기초학력 보장' 명목으로 일제고사를 강요하고 교육 현장과 괴리된 아침체인지 같은 정책을 밀어붙이고 있어요. 버스에 탄 선생님들이 '교권침해'는 학부모 민원뿐 아니라 '교육청'이 하고 있다는 의견이 많았어요. 그래서 9.4 부산교사집회 전체 총괄을 하게 되었고 1부는 추모, 2부는 교육청에 바라는 교사들의 요구를 담아 진행해서 선생님들로부터 큰 공감을 얻었어요.

문수경 *#간디학교*

저는 8차 발언자와 9.4 집회 운영팀 활동을 했어요. 교사집회에서 노래 '꿈꾸지 않으면'을 합창할 때마다 작사가 양희창 선생님이 떠올랐어요. 9.4 집회 때 처음 운영팀으로 참여해 양 선생님과 간디학교 학생들을 무대 위에서 공연하도록 기획하고 실행한 것이 뿌듯하게 느껴져요. 반면에 모 교육감 섭외는 실패했죠. 지킬 것이 많은 사람은 나서지 않는다는 생각이 들었고, 징계 위협이 있는 가운데서도 잃을 각오를 하고 함께해 준 선생님들이 감사하고 든든했어요.

백성동 *#버스 50대 모으기*

저는 전국 버스 총괄을 맡았는데 9.2 집회 참여자 수가 기하급수적으로 늘어 광주 버스 50대를 갑자기 구해야 했어요. 버스 20대가 넘어가니 계속 연락하던 버스 회사에서 추가가 안 된다고 하더라고요. 여기저기 교사 채팅방에 도움을 요청했더니 선생님들이 인근 장성, 담양 버스 회사를 섭외해 주어 8군데 지역에서 광주 버스 50대가 출발할 수 있었어요. 광주 공동체의 힘을 강하게 느낀 날이었죠. 9.4 집회는 징계 위협이 컸기 때문에 버스를 모으는 과정도 감동이었어요. 그리고 제가 전국 버스 총괄을 맡았기에 광주 1번 버스가 '전국 1번 버스'라는 생각에서 나오는 자부심도 컸어요.

김유리 *#3분의 1*

9.4 제주 집회 기획단이 10명이었어요. 가장 큰 고민이 피켓 인쇄를 몇 장 할까였는데 구글 신청이 700명이라 1,000장을 주문했죠. 그런데 집회 시작도 하기 전에 동이 났어요. 사회자로 무대에 올라 약간 울먹이며 "저희가 선생님들을 믿지 못했습니다. 피켓을 천 장밖에 준비하지 못했는데 여기 2천 명이 모였습니다"라고 말하며 같이 감동하고 힘을 냈던 장면이 떠오릅니다. 제주 지역 교사가 6,000명인데 3분의 1 이상이 참여한, 제주 역사상 가장 많은 교사가 참여한 집회였어요.

강규현 *#우회와 직진*

저는 세종 지역 9.4 집회 운영팀 활동을 했어요. 교육부가 9.4 집회 징계 얘기를 하면서 우리 지역도 분위기가 무척 삼엄했어요. 세종시 집회 운영 줌 미팅에서 "징계 얘기가 나오니 그만하고 싶으면 그만하라"는 이야기가 나왔죠. 베이비 조합원으로 마음이 위축돼 그만둔다고 손들고 싶었지만 다들 손을 안 들길래 가만히 있었어요. 그런데 학교에 갔더니 동학년 선생님들의 지지와 응원 덕분에 힘을 낼 수 있었어요. 9.4 집회를 무사히 마무리한 후 '결국 교육부는 숫자의 힘을, 단합의 힘을 이길 수 없구나! 이게 민주주의구나!'라고 깨달으며 뿌듯해했던 기억이 납니다.

안지혜 *#사실 정치 맞아요*

여기 있는 분들을 교사집회 전에는 사실 한 분도 몰랐어요. 우연히 모였고, 전교조인지도 모르는 사람들이 모였는데 전교조 조합원이라는 걸 알게 된 상황이 감동적이었어요. 엎어지려는 9.4 집회를 하자고 했기에 나를 믿고 참여한 선생님들이 징계를 받을까 봐 모든 국회의원에게 연락하는 것이 아침 루틴이었어요. 국회의원들이 집회에 참여하면 교육부가 징계를 하지 않을 거라는 생각을 했죠. 드디어 9월 4일 아침, 국민의힘 소속 의원 등등 해서 많은 곳에서 연락이 왔어요. "어디로 가면 됩니까?"라면서요.

"정치하지 마세요"라는 말이 집회가 진행되는 중에 많았죠. 하지만 집회를 하고, 정당에 교사들의 요구를 알리고, 법 개정을 요구했던, 우리가 했던 그 모든 행위가 정치였어요. 우리가 정치를 더 했어야 '딱 맞는 대책'이 나왔을 것이라는 생각이 들어요.

장은정 #전교조 혐오를 만나다

저는 2차 지역버스 3, 4차 교사집회 안전팀 활동을 했어요. 1차 교사집회 후 언론에서 같은 날 있었던 전교조 추모행동 집회 사진을 기사에 썼는데, 거기에서 전교조 혐오가 시작되었어요. 전교조의 의견이 공평하게 받아들여지지 않았죠. 교사 요구 사항을 '법 개정'으로 정리하는 과정에서 온라인 공간에서 같은 의견을 내면 "너는 전교조냐?"고 의심과 공격을 받았어요. 9.4 공교육 멈춤의 날이 논의되는 상황에서 어떤 이들은 "휴업을 요구하고 집에 있겠다. 집회에 나가서는 안 된다. 전교조처럼 해서는 안 된다. 피해가 나면 전교조는 나 몰라라 한다. 전교조 해직교사는 힘들게 산다. 전교조가 너무 싫다" 등등 이런 표현을 하며 9.4 집회를 엎으려 했죠. 뿌리 깊은 전교조 혐오로 많은 조합원이 상처를 입었어요. 하지만 9.4 집회에 징계를 각오하고 얼굴을 가리지 않고 참여한 조합원 선생님들을 본 감동이 아직 기억에 남아 있어요.

이야기 3_ 교사집회를 거치며 깨달은 점은 무엇인가요?

이태근 #반짝반짝 검은 점

저는 9, 10차 진행팀과 재정팀에서 활동했어요. 집회를 준비하는 입장

에서 보면 집회 진행이나 구호가 시원시원한 느낌을 주는 사람들이 있
어요. 나중에 알고 보니 전교조 조합원들이 많았어요. 반짝반짝 검은
점 속 전교조 조합원들의 반짝임을 직접 보는 경험을 했죠.

강규현 *#딕션과 악센트*
집회 발언자들이 준비된 연설자가 아닌데도 언변이 수준급이었어요.
안지혜 선생님이 3차 집회 사회자로 무대에 섰을 때, 조용하게 말하다
가 순간 힘주어 말하니 사람들이 크게 환호하는 것을 보고 수업에 써
먹어야겠다 싶었죠. 이후 제가 세종 지역 집회 무대에 설 때 크게 도움
이 되었어요.

문수경 *#해직교사가 되는 길*
저는 2017년에 학부모의 교권침해로 송사를 겪고, 가해 학부모가
100만 원 벌금을 내는 것으로 일이 정리되었어요. 절박한 과정에서 교
육청의 불합리한 처분을 보며 교사를 지켜 주는 곳이 없다는 사실을
알았죠. 이미 죽은 목숨이었는데 전교조 교권상담실이 함께 송사를 해
주어 저를 살려 줬어요.

    교사들이 스스로 쟁취해야 하는 노동3권 중 '단결권'은 89년 전교조
결성 때 1,500여 명의 해직교사가 길을 열었고, '단체교섭권'은 진보교
육감 시대가 열려 확보되었어요. 9.4 집회는 교육부의 징계 위협이 있
었지만 '단체행동권'이 없는 교사들이 단체행동을 통해 징계를 무력

화시킨 의미 있는 사건이라 생각해요. 제가 개인적으로 2017년 교권침해 사건을 겪으며 명퇴하거나 의원면직하지 않고 단체행동권을 쟁취해 놓고 교직을 떠나야겠다 생각했기에, 작년 9.4 집회 앞두고 해직교사가 되겠다는 마음으로 운영팀에 참여했어요.

김지희 *#벽*
선생님이 좋아서 교사가 되었고, 진보적인 성향이 아니었지만 초임 때부터 전교조 선생님들과 재미있게 놀면서 조합원이 되었어요. 그런데 집회 과정에서 전교조에 대해 편견을 가진 사람들이 많다는 것을 느껴 뭔가 위축되는 마음이 있었어요. 어떻게 하면 교사들에게 전교조가 하는 일을 모든 교사에게 알릴까 고민하게 되었어요.

이야기 4_ 교사집회 후 바뀐 것과 바뀌었으면 하는 것은 무엇인가요?

안아름누리 *#기준과 학교 변화*
저는 9.4 집회 집행부에서 일을 했어요. 학교에서 학생지도할 때 혼란스러울 때가 많아요. 저와 똑같은 방식으로 지도를 한 선생님이 아동학대 신고를 당하는 것을 보며, 나는 운이 좋은 건가라는 생각을 했죠. 그럼 나는 '학생지도를 어떻게 해야 하나' 혼란스러웠어요. 작년 집회가 거듭될수록 내가 했던 생활지도 방식이 맞았구나 하며 명확한 학생지도 기준이 생겼어요. 그래서 학교에서 학생지도할 때 안정감이 생겼어요. 이렇게 내 마음가짐은 바뀌었지만, 학교는 달라진 게 별로 없더라구요. 법은 바뀌었지만, 학교에서 어떻게 실행할지 함께 논의하고 공동 대응하는 문화가 만들어지면 좋겠어요.

백성동 #생각보다 없는 느낌

"학교가 바뀐 게 없다", "선생님들이 무기력하다"는 이야기를 여전히 듣고 있어요. 하지만 작년 교사집회를 거치면서 이런 문제들이 개인의 문제가 아닌 교육제도와 정책의 문제라는 인식이 생겼고 이걸 풀어 가는 과정에서 교사들의 힘도 느낄 수 있었다 생각해요. 하지만 여전히 현장에서 힘들어하는 교사들이 많기에, 체감할 수 있는 변화가 있어야 한다고 봐요.

이소희 #-10+10 #교육 당국 교권침해

저는 3차 때부터 운영팀 활동을 했어요. 교사집회가 시작되자마자 내가 사랑하는 전교조가 온갖 공격을 받으니 밥이 넘어가지 않았어요. 지금은 돌아왔지만, 당시 체중이 10kg가량 빠졌어요. 9.4 집회 때 징계 위협을 뚫고 참여한 검은 점들, 조합원 선생님들, 여의도의 냄새, 공기, 선생님들의 표정이 지금도 기억이 나요. 9.4 집회는 교사들의 연대를 확인하고 전교조에 대한 자부심을 갖게 한 날이라 생각이 들어요.

    교육부와 관리자는 교권침해 문제를 악성 민원을 하는 학부모, 교사를 공격하는 학생들과 교사들 사이의 대립 구도로 만들려고 해요.

하지만 저는 교육 당국이 저지르는 교권침해가 교사를 가장 괴롭히는 문제라고 생각해요. 이 부분이 제대로 다뤄지고 처벌할 수 있는 체계가 만들어졌으면 좋겠어요.

강규현 *#각자도생*
제도가 바뀌어도 내가 뭔가를 하지 않으면 바뀌지 않는 게 학교라 생각해요. 지금 근무하는 학교는 전교조 조합원이 많은 학교이고 도와주지 못해 서로 안달을 낼 정도예요. 공동체가 살아 있는 학교 문화를 경험하고 있죠. 저는 전교조에 따뜻한 마음을 가진 분들이 많이 모인다고 생각해요. 그래서 각자도생하지 않는 학교를 위해서는 전교조 조합원이 많아지는 것이 중요해요. 그리고 따뜻한 교사들을 전교조에 많이 캐스팅하면 좋겠어요.(웃음)

전승혁 *#교사의 힘*
저는 집회 과정에서 6개 교원단체 협의회에 전교조 대표로 참여했어요. 집회에 나오는 것보다 학교에서 내 목소리를 내고 불합리에 맞서는 것이 더 힘들다고 생각해요. 학교에서 공동으로 대응하지 않으면 집회의 힘이 이어지지 않고 우리 일터는 여전하겠다는 생각이 들어요. 한편에서는 '교사들은 약하고 보수적이다'며 교사집회를 평가절하하는 이야기도 있죠. 하지만 교사집회가 1, 2차로 끝나지 않고 11차까지 진행되는 모습을 보면서 '교사들은 마음먹으면 이만큼 할 수 있는 존재'라는 것을 느꼈어요. 학교 안 각자도생 모습에 실망하면 할 수 있는 게 없을 것 같아요. '교사의 힘'을 믿었으면 합니다.

이야기 5_ 전교조에 바란다

이기백 *#T→F*

저는 MBTI에서 'F(감정형)'가 100%예요. 전교조 활동을 하기 전 바깥에서 볼 때, 전교조는 너무나 'T(이성형)'였어요. 교사들의 속상하고 슬픈 마음을 공감하고 어루만져 주기보다는 "이것은 교육부 OO 정책 때문에 고통을 받는 것이며, 이렇게 알고 이렇게 행동하면 된다"고 설명을 해요. 그동안 훌륭한 주장으로 실질적인 변화를 이뤄 낸 것이 많았죠. 하지만 이번 교사 담론은 T에서 F로 흘러가며 형성되었어요. 전교조가 선생님들이 느끼는 불안과 두려움, 공허함을 더 공감하고 반응하는 조직이 되었으면 해요.

이소희 *#관상은 과학이다*

사람을 만났을 때 나와 어울릴 것인가 말 것인가는 3초 안에 결정된다고 봐요. 전교조의 가치만 그대로 남기고 겉으로 보이는 모든 것을 다 바꾸는 것에서 새로운 한 발을 떼는 시작이 되지 않을까 생각이 들어요.

김민영 *#현장 요구+단체행동*

집회 과정에서 탈퇴 조합원들을 만났는데 "전교조의 주장이 와닿지 않았다"고 전교조에 서운했던 점을 이야기하시더군요. 교사집회를 통해 확인한 것은 현장의 요구와 단체행동이 만났을 때 얼마나 많은 영향을 줄 수 있는지를 확인했다는 점이에요. 교사들의 힘겨움을 밀착해서 파악하고, 체계적인 과정으로 힘있게 단체행동까지 나아가면 좋겠어요.

이동규 *#오프라인의 힘*

온라인상 여론이 큰 영향력이 있지만 그것이 다가 아님을 알게 되었어요. 9.4 집회가 엎어지려고 할 때, 개인적으로 집회를 하자는 연락을 많이 받았어요. 자발적으로 참여한 원주 버스 담당자 중 알고 보니 12명 중 11명이 조합원, 강원 집회 운영팀도 9명 중 8명이 조합원이었어요. 몰랐는데 정말 곳곳에 조합원들이 다 계셨어요. 전교조가 오프라인 힘이 정말 강하다는 것을 느꼈죠. 잘하는 것을 더 살리는 것이 중요하다 생각해요.

김지희

서이초 선생님이 돌아가신 후 1년이 지났습니다. 오늘 집담회는 뜨거웠던 작년 검은 점의 연대와 그 속에서 조합원들의 존재를 확인하는 시간이었습니다. 그리고 전교조가 나아가야 할 방향도 생각해 보는 뜻깊은 시간이었습니다. 현장은 바뀐 것도 많지만 아직 바뀌어야 할 것도 많습니다. 그 속에서 전교조와 조합원들이 할 역할을 집단 지성으로 함께 풀어 나가길 바라며 집담회를 마치겠습니다. 감사합니다!

전국교사집회 속 전교조 사람들
순직교사 1주기, 교사집회 집담회 참여 조합원과 전국교사집회 주역들

전국교사집회 사회자

안지혜 조합원_ 2023년 8월 5일 3차 전국교사집회 사회자

"처음에는 검은 점으로만 참여하려고 했는데, 3차 집회가 엎어질 수도 있다는 생각이 들어 너무 무서웠습니다. 능력이 부족하더라도, 집회가 엎어지는 것보다는 낫지 않을까? 선배들, 동기들, 후배들을 믿고 가면 할 수 있지 않을까? 많이 고민했습니다. 되돌아보면 저는 제 뒤에 든든한 검은 점들이 있으리라는 걸 믿었고, 그분들께서 교사들의 목소리를 이어 가고자 하는 집행부의 마음을 믿어 주셨기에 부족한 제가 3차 집회의 사회자로 설 수 있지 않았을까 생각합니다."

김승민 조합원_ 2023년 8월 12일 4차 전국교사집회 사회자

"오늘도 학생지도에 골머리를 앓고 탈모와 전쟁을 벌이고 있습니다. 저에게 집회란 '한여름의 뜨거움', '가슴에 품은 한으로 인한 분노의 뜨거움'이었습니다. 방학이 다가오니 마음이 누그러지지 않고 더 뜨거워지는 이유는 무엇일까요? 작년 스스로 세상을 떠난 선생님들의 원한은 아직도 남아 있고 법 개정과 후속 조치들은 형식적일 뿐입니다. 다시는 소중한 선배, 후배, 친구이자 가족들을 잃지 않기 위해 순직교사들을 기억하며 교권보장을 외칩니다."

김지희 조합원_ 2023년 8월 19일 5차 전국교사집회 사회자

"저는 두렵습니다. 집회에 나서는 일도, 수만 명 앞에서 마이크를 잡고 목소리를 내는 일도 두렵습니다. 간간이 들려오는 징계 이야기는 더욱 두렵게 만듭니다. 하지만 제가 가장 두려운 일은 결국 교육 현장은 아무것도 바뀌지 않을 것 같다는 두려움입니다. 아무것도 바뀌지 않은 학교에서 아무 일도 일어나지 않도록 기도하며 예전과 같은 하루를 반복하게 될까 봐 무섭습니다. 하지만 우리가 이 두려움을 용기로 바꿀 수 있다면, 정말 강하게 손을 잡고 한목소리로 외친다면 두려움은 우리가 아닌 그들의 몫이 될 것입니다. 현장의 요구가 반영된 정책들, 교사는 가르칠 수 있고 학생은 배울 수 있게 만드는 법안들이 만들어지는 그날까지 우리 끝까지 지켜보고 함께합시다." (집회 중 마무리 말)

서민성 조합원_ 2023년 8월 26일 6차 전국교사집회 사회자

"집회에 참여한 선생님들이 동료 선생님들의 발언에 깊이 공감하고 마음 아파했던 것이 가장 기억에 남아요. 그게 자신의 이야기이고 바

로 옆 동료의 이야기여서 아프게 들리고 또 위로가 되기도 한 것 같아요. 현장은 불안정한 심리를 보이는 아이들이 더욱 많아지고 지친 선생님들은 책임감 하나로 버티고 있어요. 집회에서 느꼈던 연대를 이어나가서 교사의 업무가 아닌 것은 강하게 거절하고 동료 교사와 서로 괜찮냐고 물어보며 외롭지 않은 하루하루를 보냈으면 좋겠습니다."

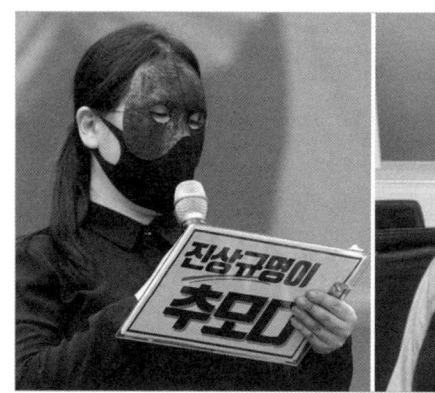 

이형아 조합원_ 2023년 9월 4일 8차 전국교사집회 사회자

"그즈음, 저 역시 사직을 고민하며 휴직 중이었습니다. 고통 속에 스러져 간 선생님 소식에 앞서 해결하려고 노력하지 못한 것이 미안했습니다. 이제라도 실천하겠다고 마음으로 약속드렸으나 미진합니다. 더 노력하겠습니다."

이민경 조합원_ 2023년 9월 16일 9차 전국교사집회 사회자

"서이초 후배 교사가 자기 교실에서 안타깝게 생을 마감한 7월 이후, 많은 후배 교사들 얼굴을 보기가 힘들었습니다. 희망을 얘기해야 하는 학교에서 희망을 잃어버린 어린 선생님을 보면서 한동안 '내가 무엇을 할 수 있을까?' 고민하다 시작했던 게 집회 준비였습니다. 9월 4일 전북 교사들과 함께 서이초 선생님 49재를 진심을 다해 진행하면서 선생님들께 힘이 된다는 것을 몸소 느꼈습니다. 9월 16일도 같은 마음이었습니다. 절망에서 공감과 희망이라는 단어를 조금씩 써 내려갈 수 있다는 바람, 그거 하나였으며 제 삶에도 많은 변화를 가져왔던 소중한 시간이었습니다."

버스, 비행기 담당 및 지역 집회 집행부

백성동 조합원_ 3차 집회 재정팀장, 전국 버스 총괄, 광주 집회 운영팀 등 활동

"제가 전국 버스 총괄을 맡았기에 광주 1번 버스가 '전국 1번 버스'라고 생각하며 자부심이 컸어요."

신다솔 조합원 부산 버스 담당, 9.4 부산 집회 전체 총괄

"'교권침해'는 학부모 민원뿐 아니라 '교육청' 때문이라는 의견도 많았어요. 부산 집회를 주관하면서 1부는 추모, 2부는 교육청에 바라는 교사들의 요구를 담아 진행해서 선생님들로부터 큰 공감을 얻었어요."

이동규 조합원_ 9.4 강원 집회 운영팀장, 전국·원주 버스 총괄

"자발적으로 참여한 원주 버스 담당자 중 알고 보니 12명 중 11명이 조합원, 강원 집회 운영팀도 9명 중 8명이 조합원이었어요. 몰랐는데 정말 곳곳에 조합원들이 다 계셨어요. 전교조가 오프라인 힘이 정말 강하다는 것을 느꼈죠."

김민영 조합원_ 9.4 세종 집회 총괄, 지역버스 담당

"교사집회를 통해 확인한 것은 현장의 요구와 단체행동이 만났을 때 얼마나 많은 영향을 줄 수 있는지를 확인했다는 점이에요."

김유리 조합원_ 9.4 제주 집회 사회자, 비행기 담당

"무대에 올라 약간 울먹이며 '저희가 선생님들을 믿지 못했습니다. 피켓을 천 장밖에 준비하지 못했는데 여기 2천 명이 모였습니다'라고 말하며 같이 감동하고 힘을 냈던 장면이 떠오릅니다. 제주 지역 교사가 6,000명인데 3분의 1 이상이 참여한, 제주 역사상 가장 많은 교사가 참여한 집회였어요."

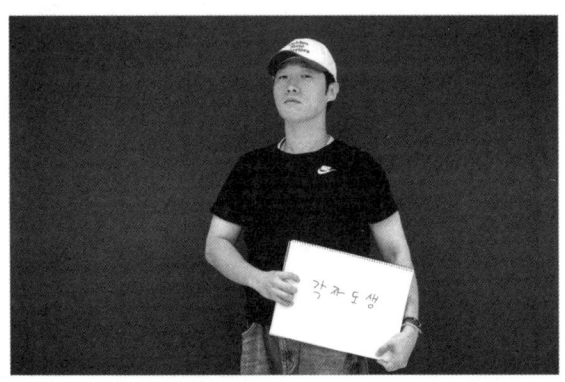

강규현 조합원_ 전국교사집회 디자인팀, 9.4 세종 집회 운영팀 활동

"9.4 집회를 무사히 마무리한 후 '결국 교육부는 숫자의 힘을, 단합의 힘을 이길 수 없구나! 이게 민주주의구나!'라고 깨달으며 뿌듯해했던 기억이 납니다."

전국교사집회 집행부

이소희 조합원_ 3차부터 운영팀장으로 6회 활동

"9.4 집회 때 징계 위협을 뚫고 참여한 검은 점들, 조합원 선생님들, 여의도의 냄새, 공기, 선생님들의 표정이 지금도 기억이 나요. 9.4 집회는 교사들의 연대를 확인하고 전교조에 대한 자부심을 갖게 한 날이라 생각이 들어요."

이기백 조합원_전국교사집회 홍보팀, 안전팀, 언론팀 활동

"서이초 사건이 있고 3일 뒤에 1정 연수를 받았는데 연수자들이 서이초 선생님과 다들 비슷한 또래라서 1정 분위기는 슬프고 침체된 분위기였죠. 충북 교육감이 방문해서는 '교사라면 학생들을 대할 때 '예비 살인자'라는 의식을 가져야 한다'며 망언을 했어요. 이 말을 듣자 큰 분노가 일었고, 뭐라도 해야 할 것 같아 집회 참여를 결심했죠."

장은정_ 2차 지역버스, 3차 안전팀원, 4차 안전팀장 활동

"9.4 집회에 징계를 각오하고 얼굴을 가리지 않고 참여한 조합원 선생님들을 본 감동이 아직 기억에 남아 있어요."

안아름누리 조합원_ 8차 운영팀 활동

"작년 집회가 거듭될수록 내가 했던 생활지도 방식이 맞았구나 하며 명확한 학생지도 기준이 생겼어요. 그래서 학교에서 학생지도할 때 안정감이 생겼어요. 이렇게 내 마음가짐은 바뀌었지만, 학교는 달라진 게 별로 없더라구요."

이태근 조합원_ 9차, 10차 진행팀, 재정팀 활동

"반짝반짝 검은 점 속 전교조 조합원들의 반짝임을 직접 보는 경험을 했죠."

문수경 조합원_ 8차 발언자, 운영팀 활동

"교사들이 스스로 쟁취해야 하는 노동3권 중 '단결권'은 89년 전교조 결성 때 1,500여 명의 해직교사가 길을 열었고, '단체교섭권'은 진보 교육감 시대가 열려 확보되었어요. 9.4 집회는 교육부의 징계 위협이 있었지만 '단체행동권'이 없는 교사들이 단체행동을 통해 징계를 무력화시킨 의미 있는 사건이라 생각해요."

6개 교원단체 협의회 활동

전승혁 전교조 부위원장_ 6개 교원단체 협의회에 전교조 대표로 활동

"교사집회가 1, 2차로 끝나지 않고 12차까지 진행되는 모습을 보면서 '교사들은 마음먹으면 이만큼 할 수 있는 존재'라는 것을 느꼈어요. '교사의 힘'을 믿었으면 합니다."

칼럼

검은 점의 물결, 1년을 맞이하며
강민정 전 국회의원

임용 2년 차 새내기 교사의 죽음이 온 나라를 뒤흔든 지 1년이 되었다. 처음 집회를 제안한 선생님들조차 그리 많은 교사가 모여 거대한 물결을 이룰지 몰랐을 정도로 교사들의 자발적인 의사 표현은 강력했다.

매주 거르지 않고 11차례나 치러진 교사집회에는 연인원 78만 명 이상이 참여해 자발적 교사집회의 새로운 역사가 되었다. 그것은 교사들이 교육 현장에서 부딪치는 어려움이 그만큼 크며 그 해결을 간절하고 절박하게 바라고 있다는 외침이었다.

학교 안의 '삶'에 주목하게 되다

대한민국에 태어나면 거의 대부분 학생이 되고, 500만이 넘는 학생들의 부모들이 있어 전 국민의 1/3 가까이는 교육과 직접 관련을 맺는다. 그만큼 국민 생활에 밀접한 부분임에도 불구하고 우리 사회에서 교육 문제는 학력 문제나 입시 관련 문제가 아니면 거의 사회적 주목을 받지 못해 왔다.

학교에서 아이들이 어떻게 생활하고 있는지, 그 아이들을 가르치는 교사들은 어떤 환경에 처해 있는지, 이대로 가도 모든 부모가 바라듯 아이들이 잘 자랄 수 있고, 행복해질 수 있는지 따위 문제는 진지하게 논의조차 되지 않았다. 지난 5년간 사망한 학생이 800명, 사망한 교사가 200명이나 되었지만 그들 죽음은 개인 문제로 치부되었고 제대로 된 기사 한 줄 나오지 않았다.

 학교와 학원을 뺑뺑이 돌며 경쟁 교육에 시달리는 아이들은 마음도 몸도 아프다고 절규하고, 그 아이들에 대한 사회적 관심과 정책적 지원은 주어지지 않은 채 우리 교육이 병들고 있는 동안 교사들은 온전히 홀로 그 아이들을 감당해야 하는 독박교육에 내몰리고 있다. 견디고 견디다 절망의 벽에 부딪힌 교사들이 검은 점의 물결이 되자 비로소 사회는 성적과 입시만이 아닌, 학교 안에서 살아가고 있는 이들의 '삶'에 관심을 갖기 시작했다.

여전한 '절망의 벽'

정치권도 바쁘게 움직였다. 초단시간에 소위 교권 5법 개정안이 통과되었다. 법은 최소한의 방향과 기준을 정하는 것일 뿐 그것이 실현될 수 있는 예산과 인력 등 정책에 의해 뒷받침되지 않는 한, 종이 위 활자에 불과하고 단지 선언에 그치기 십상이다. 정치권은 그 후속 조치 마련과 추궁에 미흡했으며, 일부 추궁에도 불구하고 정책 담당자들은 고시 하나 달랑 던져 놓고 마치 할 일을 다 했다는 듯 보였다. 교권 5법 실현을 위한 예산은 제대로 책정조차 하지 않은 채 무려 1년에 5,333억이나 되는 예산을 쏟아붓겠다며 어느새 디지털교과서니 AI교육이니 하는 것을 향해 달려가고 있다.

교권 5법은 호흡곤란 상태에 빠진 교육 현실에 인공호흡기를 꽂는 응급조치에 불과한 조처다. 그마저도 정책적 후속 지원이 제대로 되고 있지 않으니 변화와 개선을 요구했던 교사들이 "변한 게 없다"고 이구동성으로 아우성칠 수밖에 없다.

그런데 아동학대 신고가 지금보다 제한되거나, 교사의 지도권이 더 강화된다고 교사들이 그렇게 외쳤던 '잘 가르칠 권리와 잘 배울 권리'가 정말 살아날 수 있을까? 서이초 선생님이 부딪쳤던 절망의 벽은 무엇이었을까?

서이초 사건의 뿌리

기실 서이초 사건은 우리 교육이 앓고 있는 깊은 병증이 가장 극단적이고 비극적 형태로 발현된 것이다. 1995년 5.31 교육개혁 이후 교사와 학교를 교육서비스 제공자로, 학생과 학부모를 교육상품 소비자로 간주하는 천박한 시장주의 교육관이 본격 뿌리내리기 시작했다. 일부 구매력 높은 학부모는 자신의 아이를 경쟁 교육의 승자로 만들어 달라는 소비자 권리를 주장하기 시작했고, 학교는 '소비자는 왕'이라는 시장 논리에 속절없이 무너져 왔다. 세상에서 사법의 세계와 가장 멀리 있어야 할 곳이 교육임에도 소비자 권리를 침해당했다 생각하는 이들에 의한 고소와 고발, 수사와 소송이 교육을 압도하는 '교육 사법화' 세상이 되었다.

교육 핵심 주체인 교사가 존중받고 신뢰받지 못하는 곳에 배움과 성장이 설 자리는 없다. 수도권 대학 진학률로 교육 성패가 결정되고 그에 진입하지 못하는 무수한 아이들은 그림자 취급을 받는 교육, 그래서 성적이 좋으면 좋은 대로 경쟁 압박에 시달리고 성적이 낮은 아이들은 배제와 소외에 상처받는 교육 시스템 속에서는 어떤 아이도 건강하게 성장할 수 없다.

특히 2년 반 동안 아이들이 고립과 방치 속에 있었던 팬데믹이 아이들에게 남긴 상처는 상상 이상이다. 국가와 전 사회가 나서 이 아이들이 앓고 있는 고통 해결에 합심해도 부족한 마당에 가장 강력한 교육 시장주의자인 현 교육부 장관은 시장주의 교육정책을 남발하며 신이 나 있다. 당연히 정책 해법이 나올 리 없고, 이 모든 짐은 교사 개인이 져야 하는 현실에서 서이초 사건이 일어난 것이다.

검은 물결이 되어 다시 외쳐야 한다

그러니 우리는 아동학대 신고 제어에서 머무를 수 없다. 아이들이 아프니 교사도 아프고, 아이들이 죽어 가니 이제 교사마저 죽음에 이르게 되었다. 암에 걸려 배 아픈 환자에게 소화제나 진통제는 잠시 통증을 덜어 줄 수 있으나 치료제가 될 수는 없다. 문제는 우리 교육이 암에 걸린 중환자라는 인식이 정치권과 교육 당국에는 거의 없다는 사실이다.

이제 서이초 사건 1년을 맞아 우리는 이 비극의 진짜 해법이 무엇인지 찾는 일에 나서야 한다. 그리고 더 거대한 검은 점의 물결이 되어 다시 외쳐야 한다. 아이들을 살리고, 교사를 살리고, 교육을 살려 내야 한다고.

전국교사집회 그 후 1년, 무엇을 남겼고 무엇이 남았나
김민석 전교조 교권상담국장

오늘은 수십만 검은 점들의 대투쟁의 정점인 9.4 공교육 멈춤의 날 1주년이 되는 날이다. 교사들의 대투쟁은 무엇을 남겼고 어떤 과제가 남았을까? 전국교사집회의 과정과 성과 그리고 남은 과제를 살펴보려 한다.

'생존권' 요구, 투쟁의 서막을 열다

2023년 7월 22일, 서울 보신각 광장에는 전국교사일동 주관의 1차 교사집회가 열렸다. 200명 신고 집회에 5천여 명의 교사들이 몰려들었다. 광장에서 그들이 외친 것은 '생존권 보장'이다. 4차 산업혁명을 얘기하는 시대에 아이러니하게도 대한민국 교사들은 광장에서 '생존권'을 외쳤다.

'생존'을 위해 교사들은 무엇을 요구했는가? 1차 교사집회의 핵심 구호에 그 해답이 있다. '밥'을 달라는 요구가 아니었다. 참가 교사들은 인권, 교육권, 교권 보장을 외쳤다. 교사의 인권, 교육권, 교권의 부재가 생존권마저 위협하고 있다는 외침이었다.

교육권 집회, 수십만 검은 점들의 혁명

1차 집회 후 1주일 간격으로 2, 3, 4차 집회가 서울 도심에서 연이어 열렸다. 참가 인원은 4만, 5만으로 늘어났다. 핵심 요구는 교사의 교육권 보장, 구체적으로 생활지도권 보장을 촉구했다. 교사에게 온전한 생활지도 권한조차 없다면 공교육은 불가능하다는 검은 점들의 절규였다. 이에 수십만 교사들이 화답하며 광장은 검은 점의 파도로 덮였다.

권리 위에 잠자던 교사, '법'에 눈을 뜨다

네 차례 집회 후 교사들은 자신의 생존권, 교육권의 문제가 '법'의 문제임을 자각한다. 이 자각으로 교사들은 집회 장소를 도심에서 국회로 이동했고, 함성에는 "국회는 행동하라!"는 입법 촉구가 담겼다. 검은 점들의 입법 촉구는 학생, 학부모, 교수, 교육장, 교육감 등 교육 주체들의 동참도 이끌어 냈다. 803명의 학교장까지 '교육권 보장과 교육공동체 회복'을 바라는 성명서를 발표하고 교사들의 대투쟁에 동참했다. 전교조를 중심으로 6개 교원단체는 공동요구안을 마련하여 입법을 촉구했다. 검은 점의 거센 투쟁에 놀란 국회는 뒤질세라 법률 개정안 마련에 동분서주했다.

'생존권 요구'에서 '공교육 정상화' 투쟁으로

"교사의 생존권을 보장하라"는 1차 집회가 열린 6주 후, 2023년 9월 2일 국회 앞에는 '교사의 교육권과 학생의 학습권을 위한 50만 교원 총궐기 추모 집회'가 열렸다. 30만 검은 점들이 전국 방방곡곡에서 국회 앞으로 몰려들었다. '생존권' 요구에서 출발한 검은 점들의 투쟁은 '교육권'을 거쳐 교사와 학생이 공존하는 '공교육 정상화' 투쟁으로 발전했다.

마침내 2023년 9월 4일 월요일, 서이초 교사 49재를 추모하는 9.4 공교육 멈춤의 날 집회가 열렸다. 국회 앞 5만, 지역 7만의 교사가 공교육 정상화를 갈망하며 공교육 현장을 하루 동안 멈춰 세웠다. 교육부의 징계 위협에 굴복하지 않고 수십만 교사가 국가공무원법에서 금지하는 집단행동으로 공교육 정상화를 촉구했다. 대한불교조계종, 원불교, 천주교, 기독교 4대 종단 대표는 공교육 멈춤의 날을 지지하고 함께했다. 이후에도 공교육 정상화를 위한 입법 촉구 집회가 11차까지 이어졌다.

교권 4법, 아동학대 처벌법 개정 성과

2023년 9월 21일. 국회는 정기국회 1호 법안으로 이른바 교권 4법(초·중등교육법, 유아교육법, 교육기본법, 교원지위법) 개정안을 의결했다. 12월 26일에는 아동학대 처벌법을 개정했다. 이로써 유아교육법과 초·중등교육법에 따른 교원의 정당한 교육 활동과 학생 생활지도는 아동학대로 보지 아니하게 되었다.

민원 처리는 학교장이 책임지게 되었다. 지자체의 아동학대 사례 판단, 수사기관의 아동학대 범죄 판단에는 교육감의 '의견서'를 참고하도록 했다. 교육 활동 침해 학생에 대한 즉시 분리 조치가 가능하고, 교육 활동 침해 보호자에 대해서도 서면 사과, 재발 방지 서약, 특별교육 이수를 부과할 수 있게 되었다. 교원에 대한 직위 해제 요건이 엄격해졌고 학교 교권보호위원회는 교육지원청으로 이관되었다.

전국 교사의 투쟁, 미완의 혁명?

지난해 수십만의 교사들이 뜨거운 아스팔트 위에서 외친 함성과 절규로 교육 현장은 달라진 것이 있는가? 교사는 안전한 교육 환경에서 교육 활동에 전념할 권리와 권한을 보장받고 있는가? 학생의 인권, 학습권은 온전하게 보장받고 있는가? 공교육 정상화는 이뤄지고 있는가?

안타깝다. 사실상 달라진 것이 없다. 그 까닭은 무엇일까?

공교육 정상화를 위한 '학교법' 제정해야

교육기본법 제2장(교육 당사자)에 따르면 '교육 당사자'는 학습자, 보호자, 교원, 교원단체, 설립자, 국가 및 지방자치단체이다. 하지만 실제 대한민국 교육에서 이들 교육 당사자는 교육의 주체가 아니다. 국가에 해당하는 '장관'이 법률이 아닌 행정규칙(훈령, 예규, 고시)으로 교육목표, 교육과정, 교과서, 교육정책을 결정한다. 지방자치단체에 해당하는 '교육감'은 장학 지도권과 지도·감독권으로 단위 학교의 교육 활동을 지배한다. 단위 학교의 교육 활동은 교직원에 대한 지도·감독권을 부여받은 '학교장'이 독점한다. 교육기본법, 초·중등교육법에 따르면 핵심

교육 당사자인 학생, 보호자, 교사는 교육 활동의 주체가 아닌 '보호의 대상'일 뿐이다. 일본 제국주의 이후 변하지 않은 학교 체제이다.

교권이란 교사의 법적 권리와 권한이다. 권리란 법률에서 개인에게 보장하는 힘, 권한이란 법률에서 정한 직위를 가진 사람에게 직무 수행을 위해 부여하는 직무상의 힘이다. 대한민국 교사의 법적 권리는 어떠한가? 정치기본권, 노동기본권 등 헌법에서 보장하는 기본권조차 보장하지 않는다. 학생 교육을 위한 교사의 권한은 어떠한가? 초·중등교육법 및 시행령 개정으로 2023년 6월 28일 이후 조언, 상담, 주의, 훈육·훈계의 방법으로 학생 생활지도를 할 수 있는 권한이 유일하다.

학생의 인권과 학습권은 어떠한가? 인권과 학습권은 헌법에서 정한 기본권이다. 민주공화국에서 국민의 기본권을 보장할 책무는 국가에 있다. 하지만 대한민국 학교 현장은 치열한 입시 경쟁에서 승리한 소수만이 부와 권력을 독점하는 능력주의, 경쟁주의가 지배한다. 능력을 통한 경쟁만이 공정하다고 믿는다. 경쟁 교육이야말로 아동학대다. 공교육 정상화를 말하지만, 정상화할 공교육이 존재한 적이 없다.

전국교사집회 투쟁의 핵심 성과로 교원지위법이 대폭 개정되었다. 하지만 교사의 교육 활동 보호를 위한 교원지위법을 어떻게 개정해도 공교육의 정상화를 이룰 수는 없다. 교사는 '보호' 대상이 아니라 교육 활동의 '주체'이기 때문이다. 학교와 교사의 존재 이유는 학생의 인권과 학습권을 실현하기 위함이다. 이를 위해 교사에게 '교육할 권한'을 온전하게 보장해야 한다.

따라서 공교육 정상화를 위해 학생의 인권과 학습권, 교사의 교육권을 온전하게 보장하는 학교법 제정은 전국교사집회 투쟁 이후 반드시 해결해야 할 과제이다.

서이초 사건 이전과 이후를 돌아보다
김동혁 교사

서이초 선생님의 안타까운 죽음 이후 1년이 되는 날이다. 교육계는 서이초 사건 이전과 이후로 나누어진다고 할 정도로, 이 안타까운 사건은 큰 변화를 불러왔다.

서이초 사건 이전과 이후

교사들은 서이초 사건 이전, 교육권의 범위와 한계에 대한 법적 정의도 없이, 교권보호를 위한 실질적인 행·재정적 지원도 없이, 구조적 허점 속에서 교권침해를 당하고 있었다. 그럼에도 불구하고, 교권침해 사건이 발생하면 정작 그런 구조적 원인은 다뤄지지 않았다. 대신 해당 교사에게 "네가 잘했으면 그런 일이 벌어지지 않았을 것"이라는 책임 전가와 "너 하나만 참으면 된다"는 식의 희생양 만들기가 이뤄졌다.

그 속에서 피해 교사는 스스로를 탓하며 자신의 상황을 동료 교사와 관리자들에게 알리고 도움을 요청하지 못한 채 고립되었다. 홀로 직위 해제, 소송, 징계, 카더라식의 음해, 생활고 등을 감당하며 서서히 무너져 갔다.

  그러나 지난해 서이초 사건 이후, 전국 교사의 1/4에 가까운 교사들이 여의도 광장을 가득 메워 검은 물결을 이룬 후 많은 것이 달라졌다. 해당 집회는 작금의 교권침해 사건들의 원인을 교사 개개인의 탓으로 돌려선 안 되며 교사의 교육권에 대한 법적 정의 부재, 교육 활동을 존중하고 보호하는 시스템의 부재, 교사가 교육에만 집중할 수 있는 교육 여건의 부재 등이라는 구조적 문제를 해결해야 한다는 선언이었다.

교권침해에 대한 인식이 생기다

서이초 사건과 집회 이후, 교사들은 자신의 교권침해 사건을 더 이상 개인의 문제로만 여기지 않고 적극적으로 해당 문제를 공론장에 제기하였다. 주변 교사들 또한 이를 당연하게 여기고 피해 교사들의 권리 보호에 연대하는 모습을 보인다.

  교장, 교감 등 단위 학교 관리자들도 최소한 해당 요구를 묵살하지 못하는 분위기를 감지하고 눈치를 보게 되었다. 교사 개인의 전화번호 비공개, 학교 홈페이지나 졸업 앨범에 교사의 이름과 사진을 비공개하는 것이 이젠 특별한 일이 아니게 되었다. 또한 각종 대형 소셜 커뮤니티 등에서 교사에게 주말이나 일과 이후에 연락하거나 교사에게 과도한 요구를 하는 것들에 대한 비판 여론도 형성되었다.

  학생들 사이에서도 교사에게 무례한 말을 하거나 정당한 교육 활동에 반발하는 것을 보면 마치 향약의 과실상규처럼 서로에게 "그건 교권침해야"라고 말하는 모습을 심심치 않게 볼 수 있다. 교육청이나 행정 당국, 정치권도 교권보호 관련 법률을 정비하거나 교권 변호사 지원 범위를 넓히거나 교권침해 학부모에 대한 고발 조치, 교권침해 교사들을 위한 치유 프로그램 등을 연구하고 정비하고 늘려 가기 시작했다.

아직 무법 상태인 교권침해 구역
하지만 교권침해에 대한 경각심이 높아지고, 교권보호를 위한 우호적 의식과 공감대는 형성되었으나 이를 뒷받침할 제도적, 재정적 지원과 학교 구조 개선은 여전히 요원한 상태다. 대표적으로 교육 활동 중 학생에 의한 교권침해 발생 시 학생 분리 조치를 할 수 있지만 여전히 학교에는 해당 학생을 분리할 마땅한 장소도, 관리 교육할 인원도, 예산도 부족하다.

또한 학교폭력 예방에 관한 법은 그 발생 시간과 상관없이 학생이 일으킨 모든 폭력을 대상으로 하지만, 교사의 교권침해에 관한 현행법들은 교육 활동 중 일어난 교권침해에 대해서만 다루고 있어, 일과 시간 이후 사이버 공간 등에서 일어난 교권침해 등은 사실상 무법 상태이다.

남은 과제
지난해 뜨거웠던 전국 교사들의 검은 물결은 판을 바꿨다. 교권침해를 개인 탓으로만 여기는 판에서 우리 모두의 문제, 학교 구조 개혁의 문제로 인식하는 판으로 만들었다.

이제 새롭게 바뀐 판 위에서 전교조는 그동안 교권보호 활동을 통해 쌓아 온 노하우를 활용해 적극적이고 섬세한 정책을 제안하고 관철해 나가야 할 것이다.

만화

난 참 바보처럼 살았군요
작은마음ㅜ

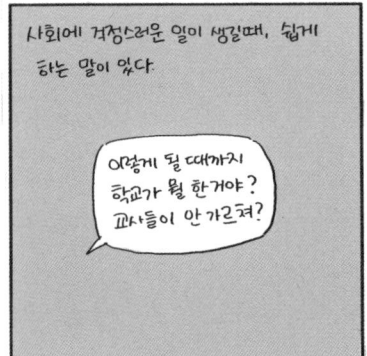

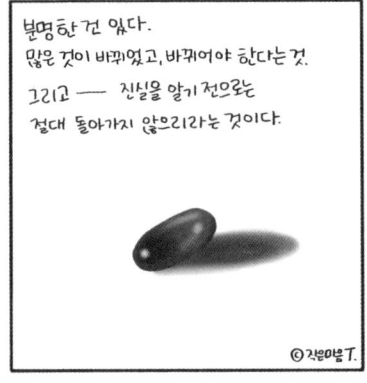

우리는 전교조다

라떼샘

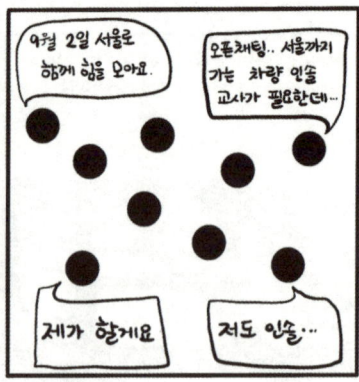

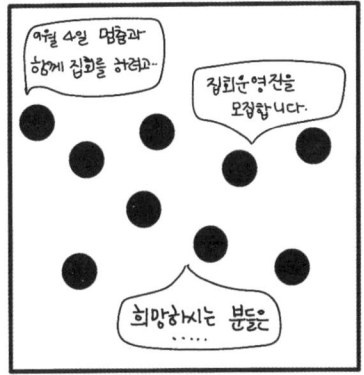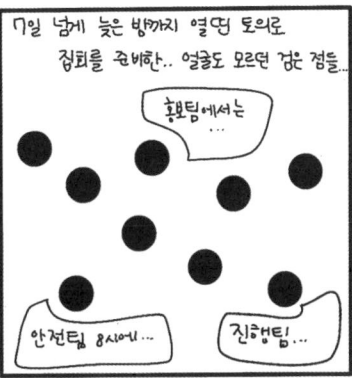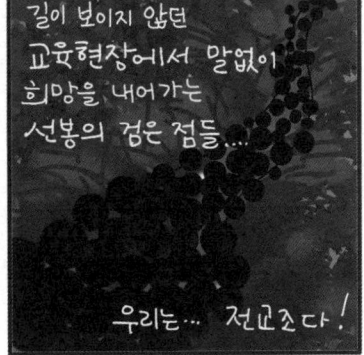

3장

교사, 왜 광장에 섰나

교사가 광장으로 나온 이유

교육 불가능한 학교, 그 원인은 무엇인가

전국교사집회는 세대와 지역, 급별을 가리지 않고 교사들이 광장으로 모여 성사되었다. 집회에 나온 교사들은 연대의 힘으로 '교육이 가능한 학교'를 만들고자 했다. 집회가 거듭될수록 교사들은 '정서적 아동학대' 조항의 모호함과 '악성 민원 문제'를 강하게 제기했다. 그러나 문제의 원인을 다면적으로 살펴야 아동복지법 개정과 민원 시스템 구축을 넘어서 '교육이 불가능한 학교'가 된 원인을 찾을 수 있을 것이다. 그 원인 중 몇 가지를 살펴보자.

악성 민원의 시작, '수요자 맞춤형 공교육 서비스'와 교원평가

요즘 평교사 정년퇴직을 보기 힘들다. 학교는 나이 든 평교사를 '승진에 실패한 무능한 교사'로 보는 외부 시선에 정면 대응하지 못했다. 왜 그랬을까? 〈교원능력개발평가〉가 교사와 학생, 교사와 보호자 사이의 관계를 왜곡시켰다. 콜센터에서 서비스를 받거나 AS 센터에서 수리 서비스를 이용하면 '10점 만점에 10점 주세요'라고 요구받던 그것을, 교육부는 교사에게 적용했다. 보호자와 학생이 교사의 수업과 생활지도를 점수로 매겼다. 교육은 서비스였고, 학생과 학부모는 교육의 수요자였다.

평가는 대체로 본인이 받은 서비스에 관한 만족도와 인상을 점수로 수치화한다. 교사에게 감사함을 표현하거나 합리적으로 이용하기보다는, 내 마음에 들지 않는 교사를 징벌하고 싶을 때 이용하는 도구가 되었다. 그러나 교육 활동은 학생의 전인적인 성장을 기반으로 하는 것이고, 천편일률적인 잣대로 수치화할 수 없다. 모든 교육의 효과가 즉각적으로 나타날 수는 없기 때문이다.

교사의 교육 활동을 무엇으로 평가할 것인가? 학생의 성적으로 교사의 능력을 산출할 것인가? 지극히 주관적인 단순 만족도로 평가할 것인가? 교원평가 지표로 제시된 항목들은 공문 생산량 등 수치화하기 간편한, 교육의 본질에서 벗어난 내용일 뿐이다. 각종 근거 없는 지표로 산출된 점수에 의해, 교사들은 자신의 삶을 바쳐 헌신한 교육 활동이 숫자로 난도질당하는 광경을 지켜봐야 했다.

'고객님들이 좋아하는 방식'으로 서비스를 제공하지 못하는 교사는 소비자에게 밀려났다. 서비스가 좋지 않으면 문제를 제기해 상품을 교체하는 것처럼, 교사를 교체하고 고객에게 맞춘 서비스를 제공하게 강제하는 시스템이 학교에 자리 잡게 된 것이다. 요즘 교사들은 '내가 낸 세금으로 월급 받는 것들이 왜 내 말을 안 들어' 하고 공무원이 민원인에게 듣는 레퍼토리를 교실에서 학생에게 "선생님, 우리 부모님이 내는 세금으로 월급 받으시잖아요"라는 표현으로 듣곤 한다. 서비스 제공자로서 끝없는 요구에 부응해야 했던 교사들은, 결국 '수요자에 맞춘 공교육 서비스'라는 말을 가장 굴욕적으로 체험하게 되었다.

교사 '보호'가 아닌 '통제'에 몰두하는 관리자와 교육 당국

교사의 '교육 서비스를 수요자가 평가'하는 시스템은 오늘날 우리 아이와 나의 기분을 상하게 하는 교사에게는 언제든지 정서적 아동학대로 신고할 수 있게 했고, 담임을 교체할 수 있는 나비효과를 만들었다.

교육 당국은 교사의 서비스 향상을 위해 교사들에게 끊임없이 법과 매뉴얼, 연수를 강제했다. 학교폭력이 사회적 문제가 되면 학교폭력법을 만들어 교사의 모든 교육적 시도를 차단했다. 중간에서 교육적인 화해와 해결을 요구하는 교사는 여지없이 민원과 행정 처분의 대상이 되었다.

법이 없으면 매뉴얼을 만들었다. 아주 촘촘한 체험학습 매뉴얼을 교사에게 강제하여 가해자가 명확한 사고에서도 교사에게 법적, 행정적 책임을 지게 만들었다. 일관성이 없는 교육 당국은 교사에게 책임을 물리기 위해서 법과 매뉴얼, 연수로 교사를 옭아매는 것에는 일관성을 보였다.

　법과 매뉴얼이 장악한 교육 환경에서 교사는 교육적인 판단으로 행동할 수 없다. 수요자도 교사의 교육 행위를 교육적인 잣대로 판단하지 않는다. 오로지 법과 매뉴얼을 들여다보고 어떻게 징벌할지 찾을 뿐이다. 교육 서비스를 제공하다가 문제가 생기면 교사는 법과 매뉴얼을 지키지 않은 교사로 법적, 행정적 처분을 받는다. 법과 매뉴얼을 잘 지킨 교사에게는 목표를 달성할 때까지 민원을 제기한다. 이걸 끊어내거나 해결할 시스템이 없다. 학교는 이런 교사를 융통성도 없고 교실 장악력이 부족한 교사로 취급한다. '학급경영과 학부모 상담' 따위의 연수를 해당 학교나 특정 세대의 교사에게 제공하는 것으로 해결책을 찾는다. 교사에게 잘못이 없어도 교사가 가해자가 되는 시스템이 작동하는 것이다.

　이 과정에서 법과 매뉴얼을 잘 연수하는 것이 교육 당국과 관리자의 유일한 역할이었으며, 민원이 제기되면 무조건적으로 교사의 사과를 강요한다. 교사들은 악다구니로 교장실에서 소리치는 보호자 앞에서 무릎을 꿇으며 사과하거나 관리자의 조정하에 합의금을 지급했다. 관리자는 본인의 대처로 아동학대 신고를 막았다고 자위했다. 신고 들어가고 직위 해제되면 교사에게 이로울 것이 없으니 교사 보호를 위해 어쩔 수 없이 하게 했노라고 뻔뻔하게 말했다. 이들에게 무조건적인 사과의 명분은 교사 보호였다.

문제가 이 지경이 될 때까지 교육 당국은 교사와 교육 활동을 보호할 어떤 시스템도 만들지 않았다. 관리자는 학교의 리더 역할을 하는 것이 아니라 교육 당국의 요구대로 교사를 행정적으로 통제하는 역할로 본인의 직무를 축소했다.

홀로 책임지는 담임교사, 독박 교실

교사들에게는 '자기 시간에 일어난 일은 자기가 책임진다'는 신념이 퍼져 있다. 특히 대부분의 교사가 담임교사를 하는 초등교육에서 담임 독박 시스템은 교육 당국과 관리자의 무책임을 드러내지도 않고 아주 강력하게 운영되어 왔다. 무無시스템에서 그나마 유일하게 작동한 학교 시스템이다.

담임 독박 시스템에서 교사들은 비교적 가벼워 보이는 다양하고 반복적인 민원부터 악성 민원까지 모두 혼자 감내했다. 수행평가 성적을 고쳐 줄 때까지 반복적으로 전화하고 메시지를 보내 문제 제기를 하고 꼬투리를 잡는 일, 학교의 교육과정 시간표가 변경되어 학원 스케줄에 문제가 생겨 항의를 받는 일, 아이의 칫솔이 닳았는데 교체 안내를 하지 않았다고 소리소리 지르는 전화를 받는 일, 반 친구의 엄마가 묘하게 본인을 기분 나쁘게 하니 학교폭력으로 신고하고 싶다고 요청하는 일, 학교에서 낸 숙제가 문제가 있으니 교육청에서 나서서 해결하라는 연락에 장학사가 확인 요청을 하는 일 등 아주 광범위한 민원을 횟수의 제한도 없이, 시간의 제한도 없이 담임교사 혼자 감내한다. 수업도 생활교육도 민원도 담임교사가 모두 해결한다.

대부분의 기관과 기업은 민원 부서를 따로 운영한다. 학교도 하나의 기관인데 행정업무를 분리하는 부서만 존재할 뿐 교육을 담당하는 교사의 역할을 지원하는 부서가 없다. 이런 담임 독박 시스템으로 교육을 지탱해 온 게 신기할 따름이다. 전교조는 수년 전부터 '민원대응시스템'을 요구해 왔고, 교육감 당선인들이 정책 수용을 약속했지만, 대체 무엇인지 경험해 본 적이 없어 운영을 못 한다. 민원대응'시스템'인데 경험이 없어 운영을 못 하는 게 참 아이러니한 상황이다.

교사에 대한 폭력 앞에서 한없이 관대해지는 학교

집회에 참여한 20대 후반의 6학년 담임 유진영 교사(가명)는 서이초 사건이 일어나기 1주 전 학부모에게 협박 전화를 받았다. 학교의 운영위원장, 학부모회장을 번갈아 하던 이 보호자는 자녀의 책상에 낙서가 있다는 이유로 담임에게 민원을 제기하기 시작했다. 처음에는 낙서하는 사람을 찾아내라는 요구로 시작했다. 아무도 없는 교실에서 낙서한 사람을 찾기 힘들고 학생들을 의심하고 범인을 색출하는 방식은 교육적이지 않아 할 수 없다고 하자 민원은 거세졌다.

"당신은 공무원이니 잃을 게 많아서 아무것도 못 하겠지만 난 자유로우니 학교에 난도질을 하겠다", "교육청이고 의회고 다 문제 제기할 것이며, 교실에 찾아와서 범인을 잡아내 담임과 그 학생을 가만히 안

놔두겠다"는 것이 민원 내용이었다. 유 교사는 학년 부장에게 요청했고, 학년 부장은 유 교사와 함께 교장실에 찾아갔다. 학년 부장은 상황을 설명하고 "해당 학부모가 교실에 찾아오면 지체 없이 경찰에 신고하겠다"고 말했다. 교장은 난색을 표하며 학부모회장이니 본인이 잘 연락해 보겠다고 하고 학년 부장과 유 교사를 돌려보냈다.

학교에는 물리적 폭력과 협박 행위에서 시민을 보호하는 경찰 시스템을 학부모에게는 적용하지 않는다는 암묵적인 룰이 있다. 시너 통을 들고 와서 협박을 하든, 교무실과 교실에 난입하여 소리를 지르고 물건을 부수든, 아이들을 끌어내거나 교사를 폭행해도 담임이 막아서서 애원하고 진정시키는 게 최선이다. 유니콘 교감이 있는 학교는 헐레벌떡 교실로 뛰어 들어와 온 힘을 써서 교실에서 데리고 나가 준다. 그게 다이다. 이 과정에서 교직원이 민원인에게 언성을 높이면 "내 아이 앞에서 소리 질렀으니 아동학대로 신고하겠다"는 으름장에 결국은 사과도 해야 한다. 교사가 진정시키고 교사가 사과해야 끝난다. 아이들도 교사도 이런 폭력 행위를 오롯이 다 받아 내고, 이후에 치료를 받는 기이한 모양새로 일이 돌아간다.

교육청이나 의회는 출입구부터 신원을 확인하고 출입증을 찍고 나서야 들어갈 수 있다. 학교는 모든 이에게 열려 있다. 학교 문이 열려 있으니 위험에도 열려 있다. 그런데 학교 담장을 낮추고 학교 문을 열라는 교육 당국의 요구는 접을 기미가 보이지 않는다.

높아지는 정서·행동 위기 학생 비율, 낮아지는 교사의 교육적 권위

〈금쪽같은 내 새끼〉라는 프로그램은 여러 문제 행동이 드러난 다양한 아동의 사례를 소개한다. 학교 안에는 정말 다양한 아이들이 있고, 이 아이들을 양육하는 다양한 보호자들이 있다. 병이나 특별한 행동 특성이 드러나 치료적 접근이 필요한 경우도 있고, 훈육이 부재한 경우도 있다.

학교와 교실이라는 사회에서 이 아이들을 적응시키는 사람이 교사이다. 필요하면 검사나 치료를 제안할 수 있고, 교육을 하며 훈육할 수도 있다. 그러나 우리나라는 교육 전문가인 교사에게 교육적 권위를 인정하지 않는다. 아이가 학교에서 보이는 여러 현상을 설명하고 검사나 치료를 권할 때 교사는 정말 굳은 마음을 먹어야 한다. '선생님은 우리 아이를 미워한다'는 오해 정도는 아주 가볍게 넘길 수 있을 정도이다. 이후에 녹음기 착용, 민원 폭탄, 담임 불신임, 아동학대 신고까지 아이를 위해 건넨 교육적 조언이 어디로 튈지 모른다. 훈육을 할 수도 없다.

교사를 때리는 학생도, 친구를 때리는 학생도 즉시 제지하여 폭력적인 행위를 멈추게 해야 한다. 팔과 다리를 휘두르는 아이의 손목을 수십 분간 잡고 놓았을 때 손목에 혹시나 멍이 들지 않았는지 살피지 않는 교사는 없을 것이다. 친구들의 관심을 끌기 위해 4층 창문에 오른 학생을 안아서 내려오게 할 때 혹시나 불필요한 접촉이 없었는지, 상처가 나지는 않았을지 노심초사해야 하는 게 지금 교사들이 겪고 있는 현실이다.

교사는 교실에 있는 모든 아이를 지키는 존재다. 교사를 때리는 학생은 친구도 때린다. 폭력 행위는 즉시 제지했는데, 우리 아이가 왜 때렸는지 이유도 물어보지 않은 게 이해가 가지 않는다는 보호자들의 민원은 교육을 불가능하게 만든다. 국가기관에서 교육을 행하는 자(=교사)가 아이의 반복되는 폭력 행위나 문제 행동에 검사나 치료를 권유했을 때, 이를 수행하지 않는 보호자들 때문에 그 아이의 삶이 그리고 교실이 무너진다. 한 아이의 반복되는 문제 행동과 악성 민원인이 교실과 학교에 미치는 파급 효과는 매우 크다. 긴 시간 이 문제가 여러 교실에서 반복되어 왔지만, 교사의 교육적 처치에 권위를 부여하는 노력은 어디에서도 시도하지 않았다.

교사를 악마화하는 언론과 대중매체

인기 드라마는 교생이 장애 학생 뺨을 때리는 장면을 내보낸다. 한 영화의 여교사는 지능이 낮은 학생을 시험 볼 때 등교하지 못하게 한다. 단 한 번도 웃어 주지 않는다. 대중매체 속 교사는 대체로 무신경하고 비도덕적이다. 언론은 한두 교사의 잘못도 전체의 문제인 듯 들춘다. 스승의 날에는 꼭 교사들의 비리나 과거 폭력 사건을 들춘다.

하지만 다큐에서는 어떤가? 아동학대에서, 성 사안에서 아이들의 문제를 발견하고 아이들을 지키는 건 교사다. 왕따당하는 학생과 1년 내내 보드게임을 하는 사람도 그 학생의 담임교사였다. 교사들은 아이들을 살리기 위해 고군분투한다.

현재 3040세대, 그 이상의 세대가 과거에 경험한 폭력적인 교사는 현재 학교에는 없다. 그런데 대중매체와 언론은 현재도 그런 교사가 존재하는 착각을 불러일으키게 만든다. 보호자들이 자신의 아이가 학교에서 내가 경험했던 불편한 그 무엇을 경험하지 않을까 의심하게 만든다.

대중매체와 언론이 과거의 기억, 폭력적인 사회가 투영된 과거의 학교에 머물러 있는 것도 온 사회가 학교를 불신하게 만드는 큰 원인 중 하나이다. 생각보다 대중매체와 언론의 힘은 세다. 그럼에도 불구하고 학교에서 어떤 사건이 발생하면 교육 당국은 모든 책임을 교사에게 몰아가고, 대중매체와 언론이 좋아하는 자극적인 방식으로 교사를 악마화하는 보도자료를 끊임없이 생산한다. 그래야만 자신들의 책임이 희석되고 옅어져, 종국에는 교사만 책임지도록 몰아갈 수 있기 때문이다.

결국, 교육 당국이 범인이다

수요자가 원하는 교육 서비스를 제공하는 교사에게 아무런 권한도 보호도 하지 않은 무능력한 교육 당국이 현재의 교실 문제를 만들었다. 교육부와 교육청이 법과 매뉴얼로 교사를 통제하는 동안, 교사의 교육 활동을 돕는 시스템은 전무全無했다. 그래도 교사는 아이들을 지키고 교실과 교육을 지키기 위해 책임을 다했다. 그럼에도 불구하고 교사의 교육적 권위를 인정하지 않는 사회 분위기 속에서 교육 당국이 방치한 교육 현장의 문제를 교사가 모두 해결하고 책임지는 시스템은 한계에 이르렀다. 그렇다. 결국, 교육 당국이 범인이다.

4인 좌담회

전교조 기관지이자 전국 교사 신문인 〈교육희망〉은 서이초 사건과 전국교사집회 이후 우리나라 교육의 현주소를 파악하는 '4인 특별좌담회'를 2024년 10월 15일 전교조회관에서 열었다. '교사, 왜 광장에 섰나?'라는 제목으로 전승혁 전교조 부위원장이 좌담회를 진행하였다.

(오른쪽부터)▲김누리 중앙대 교수 ▲김현수 정신과의 ▲전승혁 전교조 부위원장(초등교사) ▲박새별 전교조 중등위원회 부위원장(중등교사)이 좌담회에 참석하였다.

지난해 서이초 사건은 대한민국 교육계의 큰 사건이었다. 서이초 선생님의 죽음 이후 추모를 넘어서서 11차례 80여만 명의 교사들이 광장으로 나왔다. 교사들이 광장에 모이게 된 원인이 무엇이라 생각하나?

김현수

2010년대 중반부터 담임 교체 요구가 증가하기 시작했다. 이런 요구로 교직을 그만두거나 죽음을 생각하는 교사들도 증가했다. 이후 아동학대 처벌법이 생기면서 교사가 얼마나 권리가 박탈된 존재인지를 느끼고 있던 중, 서이초 선생님 사건이 발생했다. 교사들이 자기 연민과 함께, 자신의 사회적 위치를 바라보게 만들지 않았나 생각한다.

 교사집회 핵심 구호 중 하나가 '당신이 나다'였다. 이 말은 동일시를 담은 구호이다. 학부모들의 위협과 협박으로 언제든지 교사는 죽음에 몰릴 수 있다는 공감이 이루어졌다. 누적된 경험과 권리 박탈에 대한 자기 연민, 나도 이런 죽음에 내몰릴 수 있다는 위기의식. 이런 것이 80만 명이 광장에 모이는 기저에 공감대로 작용하지 않았나 생각한다.

김누리

정말 대단한 사건이었다. 교사들이 움직이면 이렇게 엄청난 세력이 될 수 있구나! 물리적으로 보여 준 사건이었다. 그런데 충격을 받은 것은 거기서 나온 이야기들이었다. 제일 많이 들리는 소리가 '탈정치'였다. 정말 놀랐다. 교사는 정치적 입장을 가지면 안 된다, 이런 얘기이지 않는가. 그것이야말로 가장 정치적인 입장이다. 아주 지극히 보수적인 지극히 퇴행적인 정치적 입장이 그것이다.

한국 교사들이 박정희 정권에 의해 입에 완전히 재갈이 물렸고 정치적 금치산자, 정치적 천민이 된 후 60년이 흘렀다. 당연히 집회에서 이 얘기가 나올 줄 알았다. 그런데 '탈정치'를 외쳤다. 한국 사회를 구성하는 가장 큰 지식인 집단이 교사 집단이다.

독일 교사들은 베를린의 국회의사당 안에 무려 81명이 앉아 있다. 640명 중에 81명 13%가 교사다. 그런데 우리나라 교사들은 국회 밖에서 국회를 둘러싸고 '탈정치'를 외치고 있다. 그래서 이제부터 이 현상 자체에 대한 깊은 분석과 성찰이 필요하다.

박새별

광장에서 선생님들이 외친 게 '공교육 정상화'였다. 공교육이 무너졌다고 외쳤다. 초등교사들의 공감과 분노가 더 강했다. 초등은 학생들이 아직 어리고, 입시와는 멀리 떨어져 있다. 경쟁의 정글이 시작되지도 않은 지점이다. 하지만 내 자식이 잘돼야 한다는 학부모들의 이기적 마음과 경쟁에서 살아남길 바라는 마음이 과도한 민원을 발생시켰다. 자식을 앞서 나가게 하기 위한 장소가 학교가 되어 버렸다. 고등학교는 민원 수는 많지 않지만 성적에 관해서는 상상을 초월하는 사법기관급의 민원이 들어온다.

전승혁

초등학교에서 민원은 학업과 연결되지 않는 경우도 많다. 하지만 학부모들이 피해 의식을 학교에 표출하는 경우가 많다. 이럴 경우 선생님들이 어디 보호받을 데가 없다. 이런 악성 민원자가 발생할 경우 학교장이 보호해 준다든지 어떤 절차를 통해서 해결할 수 있는 길이 없었다. 심지어 학교장은 학부모에게 교사를 신고하는 절차를 알려 주거나, 학교장이 직접 신고하는 경우도 다수였다. 왜냐하면 아동학대 처벌법상 신고 의무가 있기 때문이다. 이 과정에서 교사들의 박탈감이 상당했다. 10년 전만 해도 이런 학부모들이 많지 않았다. 정서 위기 학생이 해마다 기하급수적으로 증가한다. 교사들도 민원이 들어온 것은 개인의 잘못, 내가 운이 없어서라고 생각한다. 이런 위험한 학교 상황이 광장으로 표출되어 나왔다고 본다.

김누리

지난해 서이초 사건이 일어난 후 칼럼을 하나 썼는데 "문제는 교권이 아니라, 문제는 시민권이다"라고 썼다. 지금 한국 사회에서 교사들은 시민권 자체가 없다. 정치적 시민권 박탈이 교권의 위축을 가져왔다. 교권이 이렇게까지 위축돼 있는 나라에서 교육을 한다는 것 자체가 기적이다. 지금 한국의 교실은 기본적으로 권위주의적인 교실인데 교사는 권위가 없다. 여기서 권위주의적이라는 것은 교사 개개인의 태도의 문제가 아니다. 한국의 교육 문화 자체가 권위주의적이라는 것이다. 학부모와 교사 사이에 신뢰가 없고 학부모가 교사를 권위자로 인정하지 않고 있다. 그 원인은 교사가 자기주장을 할 수 있는 정치적 공론장이 없기 때문이다.

이런 현상이 악화된 것이 이명박 정부 때부터다. 대학도 마찬가지로 고객 만족도 조사라는 걸 했다. 교원평가가 들어오고 교사와 학부모의 관계가 소비자와 서비스 제공자의 관계로 바뀌면서 시장적 관계로 바뀐 것이다. 야만도 이런 야만이 없다. 참된 교육이라는 것은 민주적 관계에서 가능한 건데 소비자와 판매자 사이의 시장적 관계로 바뀌면서 교사들의 권위가 한풀 더 꺾였다. 이런 문제들이 서이초 사건이 일어나게 된 구조적인 환경이라고 본다.

김현수

심리학적인 측면에서 보면 권위주의적인 박정희 정권 통치하에서 교사 집단이 개인화되었다 생각한다. 학교에서 한 아이가 정서 위기가 있으면 시스템 안에서 도움이 있어야 하는데 교사들은 이 아이를 내가 어떻게 도와줄까 생각하지, 교사들끼리 모여서 어떻게 도와줘야 할까를 생각하지 않는다. 교사들은 아주 전능한 사람이 되어야 한다고 생각한다. 교사 개인이 다 해결하도록 하는 체제에 너무나 젖어 있다. '전능한 담임 신화', 이것을 교사들이 깨야 한다.

영국에서는 학교에 오지 않는 아이가 있다면 지역사회에 말한다. 만일 교사가 직접 이 일에 나선다면 그걸 선행으로 여기지 않고 과시 행동이나 체계를 흔들어 놓는 사람으로 취급한다. 그건 지역사회가 할 일이라 생각한다. 한국 교사들은 권리는 없는데, 의무는 굉장히 많은 상태에서 많은 것을 하다가 결국 자기 착취 상태가 된 것이다.

  교사의 민원에 관해서 다른 직장인은 약간 이해하기 어려운 면이 있다. 병원을 예로 들면, 직원이 40명이어도 민원 담당 직원이 따로 있다. 병원에서 나에 대한 민원이 생기면 내가 직접 전화를 받거나 해결하지 않는다. 프로세스에 일부 참석하지 거기에 전혀 관여하지 않는다. 민원팀이 해결한다. 민원팀은 일단 직원을 보호해야 그 직원이 마음 놓고 일할 수 있기 때문이다. 직원의 잘못이라고 인정됐다 하더라도 직원 혼자 나가서 그 잘못을 말하지 않도록 한다. '반에서 문제가 생겼으니 담임이 처리해라?' 이것은 아주 원시적인 조직에서 나올 말이다.

  내가 제일 당혹스러울 때가 담임교사들이 그렇게 악성 민원을 당하고서는 민원을 어떻게 해결해야 되느냐라는 질문을 하지 않고, 욕설한 학부모로부터 받은 자신의 상처를 치유해 달라고 할 때이다. 상처를 안 받게 해야지, 상처받은 걸 치료해 달라고 하면 문제가 해결되지 않는다.

박새별

제가 2010년에 발령받았는데 당시는 지금 분위기와 많이 달랐다. 지금은 학교가 교육기관이 아니라 말단 행정청이 된 느낌이다. 교육이 아닌 것이 학교로 다 몰려 들어온다. 시청에서 체험 활동을 하는데 학생 선발까지 학교에서 하라고 공문을 보낸다. 시청에서 할 일을 학교로 보내고, 학부모들은 뽑은 기준을 말하라고 학교에 민원을 넣는다. 심지어 오늘은 CCTV가 중국산이냐 국산이냐 이걸 조사해 보고하라는 공문이 왔다.

학교는 교육기관이기 이전에 행정을 처리하는 행정업무 기관 역할을 하고 있다. 교육 외 기타의 것들이 무한 증식을 하며 들어오고, 그 속에서 교사는 완벽하게 일을 처리해야 한다고 생각한다. 이것을 누구한테 미루거나 빼면 내가 부족하다고 느껴 이 모든 걸 싸안고 해결하려 한다.

그럼 이러한 문제를 어떻게 해결해야 할까?

김누리

교육에 대한 좀 근본적인 변화가 필요한 시점이다. 단순히 교권의 문제만으로 해결되지 않는다. 정치권력이 제일 두려워하는 조직이 교사 조직이다. 50만 명의 지식인 집단이다. 이 집단에 재갈을 물려 놓고 완전히 무력한 집단으로 만들어 놓는 데 성공했다.

지금부터라도 바뀌어야 한다. 현 상황이 정상 상황이 아니라는 걸 각성하는 게 우선이다. OECD 국가 중 교사의 정치적 시민권을 박탈하고 있는 나라는 한국이 유일하다. 이건 정말 부끄러운 일이다. 지금 한국 민주주의 지수는 최상위권으로 분류돼 있다. 윤석열 정부 들어

와서 퇴행했다 하더라도 한국의 정치적 민주주의는 최상위권에 들어가 있다. 그런데 OECD에서 교사의 정치적 시민권은 꼴찌다. 두 개의 다른 시대를 살고 있다.

경쟁시키고 우열을 나누고 우월한 놈이 지배하게 하는 것이 파시즘의 핵심적인 원리이다. 그걸 대한민국 학교에서 가르치고 있다. 지금 한국 민주주의가 계속 퇴행을 거듭하는 근원적 진원지는 교실이다. 교사의 정치적 시민권 문제는 교사를 위한 게 아니다. 우리 사회를 위한 것이다.

박새별

교육이 경쟁에서 협력으로 전환해야 한다고 본다. 교사가 열심히 학생의 개별적인 특성을 고려하며 성장을 독려하는 수업과 평가를 해 놓고서도 마지막에 서울대 몇 명 갔느냐로 종결된다.

꼭 서울대를 다 갈 필요는 없지 않은가. 이 경쟁 구도에 빠져 있는 상태에서는 학생들도 본인이 뭔가를 쟁취한 것이라 생각하고 영원히 보상이 따르기를 바란다. 예를 들어 상위대학교를 나왔으니 내가 더 높은 연봉을 받고 내가 더 좋은 집에 살고, 더 혜택을 누리는 것은 당연한 것이라며 능력주의에 빠지게 된다. 본인 자녀들도 그렇게 키우게 된다.

지금 유튜브에서 인기 있는 프로 중 하나가 엄마인 여자 연예인이 나와 대치동 등에서의 사교육 트렌드를 설명해 주는 콘텐츠이다. 학부모들이 본인이 받았던 교육도 그러하고 본인 자식한테도 이 경쟁 체제안으로 빠져들게 한다. 사회가 이러면 교사들이 개별적인 노력을 해도 한계에 부딪히게 된다.

전승혁

초등학교도 수업에서 협력을 강조하며 모둠 활동도 하고 협력을 입에 달고 산다. 하지만 자신과 관여된 현실적인 상황에 부딪히면 학생들은 태도가 달라진다. 학생들은 효율을 따지고 배금주의에 빠진 모습을 바로 보인다.

박새별

공감한다. 학교 수업 시간에는 협력과 같은 좋은 가치를 배우더라도 수업이 끝나면 학원으로 달려가야 한다. 중고등학교 때 뒤처지면 안 되니까 초등학교 때부터 학원을 다닌다. 지금 온 국민이 쳇바퀴를 돌고 있다.

서열화가 모든 생활 전반에 결부되어 있다. 부동산, 교육, 직장. 이 모든 것이 다 연결되어 있다. 그래서 경쟁의 틀을 바꾸어야 한다. 대한민국 소멸을 앞둔 시점에서 아이 하나하나가 경쟁 피라미드 밑에서 아무 의미를 못 느끼고 패배자로 산다는 상황이 너무 안타깝다.

김누리

최근에 내가 쓴 책 제목이 《경쟁 교육은 야만이다》이다. 선생님들이 지적한 문제의식이 여기에도 그대로 담겼다. 해방 이후에 수없이 많은 교육개혁의 노력이 있었다. 하지만 입시를 조금 손보는 수준이었다. 입시 자체를 없애지 않고는 방법이 없다.

김현수

단기적으로는 '교장제 개혁'이 제일 중요하다 본다. 공모형 교장제를 더 확산하는 게 필요하다. 학교 자체의 민주화가 이루어질 수 있는 발판이 마련됐으면 한다. 현재 우리나라 학교에서는 학생회가 형식만 있고 아무 권한이 없다. 그런데 교사회는 그 자체가 없다. 어떤 조직에 기본적으로 그 집단의 회의가 없다는 것이 어떻게 가능한가.

그나마 공모 교장분들은 교사 집단의 의견을 듣고 협의해서 하려고 한다. 교사들은 교실에서 협력에 관해 수업하지만 정작 본인은 협력할 파트너를 공식적으로 갖고 있지 못하다. 협력의 경험이 없다. 그래서 교사회라는 집단을 인정하는 교장 선생님이 필요하다.

서이초 사건도 교장 선생님 역할, 이 기능이 작동하지 않았다. 교장의 역할이 너무 형식적이다. 우리나라 교장 근무 연한이 평균 2년이 안 된다. OECD 탈리스 보고서에 따르면 OECD 국가의 교장 평균 근무 기간이 6.78년이다. 교장이 학생과 학교를 충분히 알게 되는 시간이다. 그리고 우리나라 교장 선생님들의 평균 연령이 세계적으로 제일 높은 그룹에 속한다. 60대 교장이 절반 이상이다. 많은 교장이 학교에 문제가 생기면 개혁할 생각보다는 퇴직하기 전까지 문제가 없기를 바란다. 이제 40대 교장도 나와야 한다. 여러 제도 개혁이 필요하지만 학교의 의사 결정자인 교장이 이런 기능을 할 수 있는 사람으로 되어야 한다. 퇴직을 눈앞에 두고 보신하는 사람이 아니라 개혁형, 참여형, 민주형 교장이 더 늘어야 한다.

김누리
중요한 말씀하셨다. 아이들 입장에서 가정을 떠나 제일 먼저 경험하는 사회가 어딘가? 학교이다. 학교에서 아이들은 세상은 이런 곳이구나 하는 첫인상을 받기에 교사 간의 관계도 중요하다. 위계가 없는 자유롭고 평등한 조직이 되어야 한다.

 70년대부터 독일에서는 교사들 사이에 일체 위계가 없다. 그래서 교장을 뽑기가 힘들다. 독일은 교장이 되면 아이들을 가르치고 싶어도 가르칠 수 없기에 서로 돌아가면서 한다. 아이들이 볼 때도 어른의 세계라는 건 저렇게 자유롭고 평등한 사람들이 모여 사는 곳이 세상이구나 하는 그 첫 경험을 학교에서 한다.

경쟁 교육으로 인해 우리 사회에 드러나고 있는 모습 중 주목하고 있는 부분은 어떤 것인가?

박새별
영어 유치원, 초등 의대반 등 경쟁에서 선점하고자 하는 욕구가 아주 빨라지고 있다. 최근 국가교육위원회는 학교 시험을 교사가 내지 말고 외부 출제기관에서 만들어 평가하자는 계획을 세웠다. 학생 입장에서는 전국적인 수능을 1년에 4번 보게 되는 거다. 국가교육의 백년지대계를 세우라고 만든 위원회가 퇴행하는 경쟁 교육 계획을 세우고 있다.

의대 정원 문제 뉴스가 매일 뉴스 교육면에 등장한다. 지방 학교에서는 300명 중에 한 명이 갈까 말까 하는 의대이다. 300명 중에 한 명 가는 정말 최정점 입시 피라미드에 있는 저 뉴스를 왜 교육면에서 매일 봐야 하나.

김누리

경쟁 교육으로 한국은 적당히 병든 사회가 아니다. 모든 지표에서 전 세계 최악의 사회라는 걸 보여 주고 있다. 한국인은 현재 전 세계에서 불평등을 가장 사랑한다. 국제조사기관 월드 밸류 서베이의 조사에 따르면 한국은 소득 불평등에 대해서 '더 평등하게 분배돼야 한다'는 물음에 동의 비율이 24%밖에 안 된다. 자유시장경제의 메카라고 하는 미국조차도 32%이다. 교실에서부터 경쟁 교육에 의해서 거의 정신 분열적인 사회가 됐다고 본다.

교실에서부터 12년 동안 이런 끔찍한 교육을 받으면서 아이들이 다 망가진다. 결국은 한국인이 빠져 있는 무시무시한 이데올로기인 경쟁 이데올로기, 능력주의 이데올로기, 공정 이데올로기 이 세 개가 결합되어 서로 강화하고 있다. 나는 이걸 야만의 트라이앵글이라 말하고 싶다. 이걸 깨야 경쟁 교육을 넘어설 수 있는 지평이 열릴 것이다.

김현수

제가 있는 대안학교가 프랑스와 교류하는데, 어느 해 프랑스 교사분들이 한국에 늦게 도착하셔서 저녁을 배달시키겠다고 하니 그분들이 깜짝 놀라더라. 이 시간에 일하는 사람이 있냐, 이 시간에 왜 사회가 일을 시키느냐, 자기는 배달시키지 않고 그냥 일찍 일어나서 먹겠다고 하더라.

우리 사회는 배금주의와 경쟁, 각자도생에 익숙한 생활을 하다 보니 공생하는 삶의 모델에 대한 믿음이 이전보다 훨씬 더 없어지고 있다. 이 시작은 이명박 정부라고 생각한다. 이명박 정부가 권력의 사유화를 확실하게 만들었다. 공공의 권력을 사유화할 수 있다는 것의 모델을 곳곳에서 만들어 냈다.

히딩크 오면 자기 아들 불러다가 사진 찍게 하고, 고속도로도 민간으로 팔아넘겼다. 기본적인 공공성의 타락이 시작되었고 지금은 완전히 개인화되어 미래 사회에 대한 신뢰도 줄어들어 애 낳을 생각도 하지 않게 되었다.

학교 민주주의를 포함해서 많은 부분을 새로 바꾸려면 결국 새로운 문제의식을 갖고 있는 사람이 해야 한다. 학교 안에서도 젊은 교사와 선배 교사들 사이의 갈등이 일어난다 들었다. 현재 젊은 교사의 어려움을 수용해서 젊은 교사들이 잘 활약할 수 있도록 도와주는 기회를 만드는 게 필요하다. 교육의 공공성을 회복하는 과정에 대한 경험이 젊은 교사에게 필요하다. 전교조 선배들 포함해서 윗세대분들은 전교조를 만들고 지키는 과정에서 그 경험이 있다.

젊은 교사에게 '교사가 왜 됐는가'에 대한 질문을 한 OECD 조사 결과가 있다. 한국 교사들은 개인적 유용성으로 된 비율이 제일 높았다. 사회적 헌신이나 사명보다 나에게 이득이 돼서 교사가 됐다는 비율이 높았다. 젊은 교사들은 교육의 공공성을 스스로 체험한 적이 별로 없다. 젊은 교사가 이런 경험이 많아야 경쟁 교육을 줄이고 상생의 교육, 공공 교육을 할 수 있는 기회가 더 많이 생길 것이다. 젊은 교사가 다양한 기회를 접할 사회적 작업이 필요하다.

박새별
저도 개인적 유용성에 의해서 교사가 되지 않았다고 말할 수 없다. 하지만 교사가 된 후 교직에서 보람을 느끼는 것은 내가 이 일을 함으로써 학생에게 영향을 주고 있고 그것으로 보람을 느껴서 하고 있는 거다. 교육부의 지침을 잘 따라서 또는 학생을 서울대로 보내기 위해 교사를 하는 게 아니다. 내가 하는 일이 가치가 있고 이 사회에 기여하고 있다는 것을 교사들이 느껴야 권위도 살고 교육의 본연으로 접근하게 된다.

김현수
안타까운 얘기지만 우리나라 교사는 자율이 진짜 없는 것 같다. 예를 들어 의사에게 복지부 장관이 "치료를 할 때 이렇게 해라", "상담 기록을 만 글자 안에서 써라"고 지침을 내리는 건 있을 수가 없다. 교사들은 본인들을 전문가 집단이라 하지만 현재 교사가 갖고 있는 권한은 전문가 집단이라고 하기에는 권한이 너무 없다. 전문가 집단이라고 한다면 자율 영역이 꽤 넓어야 한다. 우리나라는 교육부 장관의 가부장적인 위계가 너무 강하다. 교사들이 이제 스스로 권한을 찾으셔야 한다.

박새별
그렇다. 예를 들어 생기부 기록 교육부 지침에 '2013-2019'로 해야지 '~' 물결 기호를 쓰면 다 고쳐야 하는 정도이다.

김누리
민주주의라고 하는 것은 최종적인 완성된 상태가 아니다. 독일 작가 귄터 그라스는 민주주의란 매일매일 풀어야 할 숙제라고 했다. 교사회를 만들고 교장도 우리가 스스로 뽑겠다는 주장을 해야 한다. 그런데 학교에서는 옛날 낡은 방식의 생활은 유지되고 민주주의는 여의도에만 있다고 생각하고 있다.

이 시대를 사는 교사들에게 전하고 싶은 말씀이 있다면?

전승혁
저는 이 시대를 사는 교사들이 그 어느 때보다 참 고생하고 견뎌 내고 있다는 생각이 든다. 교사들은 스스로를 착취하는 성향이 강하다. "우리 보람 있게 살자"고 말하고 싶다. 교사들이 어느 순간 보람을 잘 못 느끼고 사는 것 같다. 학교를 보람 있는 곳으로 만들기 위한 과정에 손 잡고 함께하면 좋겠다. 이 말을 전하고 싶다.

박새별

공교육 교사라는 것 자체가 자긍심과 자부심을 가질 수 있는 사회가 되었으면 좋겠다. 교사가 말단 행정청 공무원의 정체성은 갖지 않기를 바란다. 그러려면 유·초·중·고 교사가 아이들을 가르치는 모든 교육 활동은 존중받고 보장받아야 한다. 교사의 전문성을 바탕으로 한 교육적 활동의 전문적 권위가 있어야 하며, 높은 전문성에 걸맞는 높은 보수와 처우, 전문성 함양 기회를 국가가 보장해 주어야 한다. 교사 처우를 높이는 것은 교사만의 이익이 아니다. 아이가 있든 없든, 내가 살아가는 사회를 위한 것이다.

교사에 대한 처우가 바뀌려면, 교사들은 함께 모이고 이야기하고 외쳐야 한다. 내 교실 안에서 모든 것을 나 혼자만의 책임으로 느끼며 고립되지 않았으면 한다. 우리는 각자의 칸막이에서 나와 더 넓은 방향의 교육과 교사로서의 삶을 이야기해야 한다.

'정권과 교육 관료가 일방적으로 지시하는 교육정책을 묵묵히 수행했던 굴종의 삶이었다. 열악한 처우, 불필요한 잡무, 과중한 수업 시수, 교육 내용의 부당한 제한에 시달린 것 또한 부인할 수 없다.'

89년 전교조 창립문에 있는 문구이다. 35년이 지난 지금, 우리는 같은 말을 하고 있다.

김누리

지난해 전교조가 낸 보도자료를 보니 교사들의 스트레스 정도가 전시戰時 중 간호사 수준의 스트레스를 갖고 있다고 했다. 그렇게 본다면 교직은 극한 직업이다. 극한 직업의 사람에게서 교육받은 아이는 정상적으로 교육받을 수 있을까? 지금 한국 교육이 사실상 무너져 있다는 걸 보여 주는 반증이다. 작년 상황을 통해서 많은 국민이 교사의 어려움을 인식하게 됐다고 본다. 그럼 어떻게 할 것인가. 결국은 교사들이 근대 권리 중 가장 중요한 권리인 정치적 시민권을 얻어야 한다고 본다. 거대한 지식인 집단을 시민에서 배제해 버린 사회. 바로 그렇기 때문에 한국 사회가 이렇게 우울하고 병든 사회가 됐다고 본다. 교사들이 정치적 시민권을 회복해서 앞으로 우리 사회를 치유하고, 더 나은 사회로 나아가게 하는 데 선도적인 역할을 하길 바란다.

김현수

한국 교사분들이 자신의 교사로서의 삶에 대한 이해나 통찰이 확실히 부족했던 것은 사실이다. OECD 탈리스 보고서에 따르면 우리나라 교사들은 고등학교에서 좋은 성적을 받고 교·사대에 입학해 교사가 된 후, 계속 성장하는 비율은 아주 낮다. 좋은 사람이 들어와서 성장하지 못하고 있다.

우리나라 교사들은 다 전문적 역할을 맡고 있다. 생명, 안전, 환경 등등 다양한 역할의 업무를 맡고 있다. 외국인이 볼 때 한국 교사들은 멀티태스킹을 아주 잘하고, 관련 연수를 모두 이수한다고 알고 있다. 그런데 그 연수의 90%가 온라인이다. 온라인 연수를 줄여야 한다. 신규 교사 멘토링도 제일 낮다.

젊은 나이에 교사 시켜 놓고 아무도 안 봐주고 있다. 그래서 신규 교사들이 힘들게 지낼 수밖에 없고 교직을 떠날 수밖에 없는 구조이다. 그 보고서에 따르면 한국 교사들이 "조용히 해"라고 가장 많이 말한다고 한다. 학생지도 기술, 학교폭력 대처법 등도 배워 본 적이 없다.

지난 20년간 이렇게 학생 정서에 관한 얘기가 많이 나왔어도 학생 정서를 전문적으로 다룰 수 있는 위센터를 제외한 아무런 제도적 장치도 없고, 교사 연수도 없다. 그래서 준비되지 못한 교사라는 낭패감을 교사들이 너무 많이 맛보고 교사 개인이 스스로 연수를 듣게 하고 있다. 교사들의 사교육 시장도 만만치 않다. 개인에게 맡겨진 것을 이제 국가가 해야 한다.

이런 여러 가지 조건을 이제 선생님들이 잘 살펴보고 자신을 돌보길 바란다. 자신이 돌봄을 받아야 또 남을 돌볼 수 있다. 교사가 자신의 권리와 복지를 말하길 바란다. 현재 국민은 교사의 삶을 잘 모르는 것 같다. 방학이 있고 4시 반 퇴근하는 것으로만 알고 있지 교실에서 분투하고 복지도 낮은 사실을 국민이 잘 모른다. 일본은 '괴물 부모' 탄생 후 국민을 설득할 때 교사가 이렇게 산다고 많이 홍보했다.

교사의 정당한 자기 돌봄, 학교라는 직장의 민주화와 복지를 교사가 이제 직접 주장하길 바란다. 교육부와 교육청 중심, 상명하복의 관료적 조직이 교육부가 제일 강하다. 다른 직종에 비해서 현재 교사 조직은 너무 뒤처졌기에 개인이 해결하겠다고 생각하지 말고 조합, 교사회, 전문학회 등과 같이 결합하길 바란다.

4장

멈춤 후 새로운 출발

연대와 희망의 길

2023년 7월 서이초 사건을 계기로 시작된 전국교사집회는 공교육 현장에서 교사들의 집단적 목소리가 표출된 중요한 사건이었다. 특히 9월 4일 공교육 멈춤의 날에는 전국에서 약 12만 명의 교사들이 참여하면서 역사상 가장 규모가 큰 교사집회가 열렸다. 이 집회는 단순한 항의성 시위가 아니라, 교사들이 교육 현장의 구조적 문제를 직접 제기하고 변화를 요구하는 집단적 움직임이라는 점에서 의미가 깊다.

  교사들은 업무 과중과 악성 민원, 학생 생활지도의 어려움 등으로 인해 지속적으로 고충을 겪어 왔다. 그러나 교육부와 교육청은 이러한 문제를 교육정책으로 충분히 반영하지 않았고, 교사 보호 시스템이 제대로 작동하지 못하는 현실 속에서 교사들의 불안과 분노는 누적되었다. 특히 최근 몇 년 동안 발생한 교사들의 극단적 선택과 교권침해 사례들은 교사 사회 전반의 불안을 심화시켰고, 근본적인 제도 개선을 요구하는 목소리와 집단행동으로 이어지게 되었다.

7월 22일 첫 집회를 시작으로 전국적 연대가 확산되었으며, 이후 11차례에 걸쳐 교사집회가 이어졌다. 9월 4일 집회에서는 교육부의 경고에도 불구하고 대규모 연가 투쟁이 이뤄졌고, 사회적 관심이 집중되면서 결국 교권 5법이 국회를 통과하는 성과로 이어졌다. 그러나 입법적 조치만으로는 문제 해결이 충분하지 않으며, 교사들이 학교 현장에서 실질적으로 보호받을 수 있도록 제도적 실천이 뒤따라야 한다는 과제가 남아 있다.

교권보호와 공교육 정상화를 위해서는 법 개정뿐만 아니라 교사와 학생, 학부모 간의 관계를 재정립하는 종합적인 정책이 필요하다. 교사들이 수업과 생활지도에 집중할 수 있도록 행정 부담을 줄이고, 학생의 양육자와 갈등을 최소화할 수 있는 조정 기구를 마련해야 한다. 또한, 교사들이 법적 보호를 받는 것뿐만 아니라 학교 내에서 자율성과 전문성을 존중받을 수 있는 거버넌스를 마련하는 것도 선결 과제이다.

이 장에서는 전국교사집회의 성과와 한계 그리고 이후 과제를 살펴본다.

전국교사집회가 바꿔 낸 것들: 성과

교사의 힘으로 만들어 낸 교권보호 법안

2023년 7월 21일, 서울 보신각에서 5천여 명의 교사들이 모인 첫 집회 이후, 교육 환경 개선과 교권보호를 요구하는 대규모 집회가 매주 이어졌다. 9월 4일, 공교육 멈춤의 날은 교사집회 기간 중 가장 중요한 순간이었다. 교사들은 서이초 교사의 49재까지 그 어떤 법안도 제대로 진척되지 않았음에 분개하며, 9월 4일 공교육을 멈추겠다고 선언했다. 공교육 멈춤의 날 이틀 전인 9월 2일에는 약 30만 명의 교사가 도심에 운집하여 단일 직업군이 모인 집회 중 최대 규모를 기록했다.

그리고 공교육 멈춤의 날 당일, 서이초 교사 49재 추모 집회가 처음으로 평일에 열렸다. 교육부의 징계 겁박에도 전국적으로 12만 명 이상의 교사가 참여하였으며, 5,000여 곳에 달하는 학교에서 '공교육 멈춤'이 실현되었다.

한편, BBC 등 주요 외신이 한국 교사들의 처우와 교권 문제를 보도하며, 국제사회에서도 관심을 보이기 시작했다. 특히 '학부모의 과도한 개입'을 'parent bullying(부모 괴롭힘)'이라고 표현하며, 학부모 민원 문제, 교육 시스템의 경직성, 사회 전반의 경쟁 문화 등의 문제를 심층적으로 다뤘다.

결국 9월 4일 집회 이후, 교육부는 강경 대응 방침을 철회했다. 또한 국내외 언론이 교사들의 집회를 주목하면서 정치권도 적극적인 대응에 나섰고, 결국 9월 5일 국회 교육위원회를 통과한 교권보호 법안들이 9월 21일, 국회 본회의에 1호 안건으로 통과됐다.

노동3권을 보장받지 못하고 있음에도 불구하고 공교육 멈춤의 날을 성사시키며, 대규모 교사집회를 통해 교권 법안을 쟁취해 낸 교사들의 투쟁은 교사 대중이 단결한다면 변화를 만들어 낼 수 있다는 사실을 깨우치는 계기가 되었다.

공교육 정상화를 바라는 시민과의 연대

공교육 멈춤의 날 참여 교사에 대한 교육부의 징계 방침은 교사뿐만 아니라 시민들에게도 반감을 일으켰다. 이런 감정은 행동으로 이어졌다. 9월 4일 공교육 멈춤의 날 학부모·학생 지지 선언은 부산의 한 학부모가 온라인 서명을 제안하며 시작되었다. 8월 30일부터 시작한 지지 서명은 24시간 만에 학부모 12,137명, 예비 학부모 2,428명, 학생 778명 총 1만 5,343명이 참여하는 놀라운 결과를 보였다. 총 2만여 명의 학생·학부모가 서명했고, 일부 학부모들은 돈을 모아 '공교육 멈춤의 날을 지지한다'는 플래카드를 학교에 내걸기도 했다.

"한 교사의 죽음이 있은 후에야 많은 이들이 학교 현장을 제대로 보기 시작했다. 이번 일이 학교교육을 바로잡는 변곡점이 되어야 한다"면서 자녀와 상의하여 '학교교육 정상화를 위한 공교육 멈춤의 날 참가하기'를 사유로 교외체험학습 신청서를 제출하는 학부모도 있었다. 등교하지 않은 학생 일부는 국회 앞 집회에 참여하여 카네이션을 헌화했고, 시민들은 온라인 공간에서 교사들의 행동을 응원하였다.

4대 종교(기독교, 천주교, 원불교, 불교) 46개 단체도 9월 1일 성명을 통해 "서이초 선생님의 죽음은 망가져 가는 대한민국 교육의 현주소이며, 동료 교사들의 눈물과 분노는 죽어 가는 대한민국 교육에 대한 안타까움이자 분노"라며 연대하고 지지한다는 성명을 발표했다.

교육 현실을 바꾸기 위해 징계를 무릅쓰고 행동에 나선 교사들의 용기와 진정성은 많은 시민이 연대하고 응원하도록 하여 더 강한 힘을 발휘했다. 이날은 교권보호라는 교육 의제에 학생, 보호자, 시민이 연대한 역사를 남겼다.

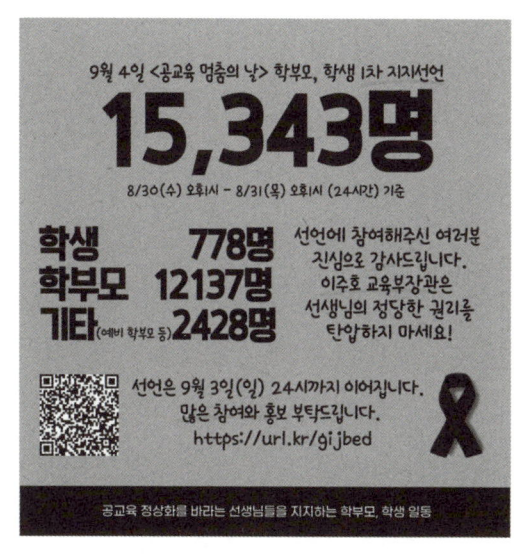

공교육 멈춤의 날 학부모, 학생 1차 지지 선언 결과 웹자보

교사 대중의 힘을 발휘할 수 있는 다양한 투쟁 전략의 확인

공교육을 멈추어 교권보호 메시지를 전달하자는 목표는 명확했으나, 교사에게는 파업권이 없기 때문에 다양한 우회 파업 전략이 등장했다. 가장 먼저 교사들은 공교육 멈춤의 날 학교장 재량휴업일 지정을 압박하며 관리자의 결단을 요구하였다. 그러나 공교육 멈춤의 날 집행부가 해체되어 9월 4일 집회가 취소되었다는 소문이 돌고, 학교장이 징계를 받을 수 있다는 한 교원단체의 자문 변호사 의견서가 유포되면서 재량휴업일 지정을 거부하는 학교장이 급증하였다. 해당 전략은 벽

에 부딪히는 상황이었다.

그러자 교사들은 휴업일이 지정되지 않더라도 병가를 활용하여 공교육 멈춤에 참여하겠다는 의지를 표명하기 시작했다. 하루 정도의 병가는 학교장 사전 승인과 진단서 없이도 쓸 수 있으며, 교사가 병원에 내원하여 진료를 받아 의료 기록을 제출할 수 있다면 가능한 일이기 때문이다.

한편 우회 파업 전략으로 공교육을 멈춰 세우기에 이르렀지만, 동시에 교사들은 학생들의 학습권을 지키기 위해 당일 학교 상황에 따라 단축 수업, 합반 수업할 가능성이 있다고 사전에 학부모들에게 안내하고 관리자 등 기존에 수업을 담당하지 않는 교원이 등교한 학생을 교육할 수 있도록 대비하였다.

그럼에도 불구하고, 교육부는 공교육 멈춤의 날에 가담한 교원들에게 징계 중 최고 수위인 해임·파면을 처분하겠다고 협박하며 압박을 멈추지 않았다. 이주호 교육부 장관은 공교육 멈춤을 파업으로 간주하겠다며, 동참하는 교사가 있을 경우 파면·해임부터 징계를 시작할 것이고 전원 형사 고발하겠다고 으름장을 놓았다. 또한 이주호 장관은 9월 4일 연가나 병가를 사용하는 교사와 그것을 승인하는 교장, 교감을 철저하게 일벌백계하겠다는 뜻을 내비쳤다. 전국 교육감과 교육청의 의견은 통일되지 못하고 제각기 나뉘었다.

설상가상으로 교육부는 8월 24일, '2학기 학사 운영에 철저를 기하라'는 공문을 시도교육청에 발송했으며 9월 4일 공교육 멈춤의 날을 위해 교사가 연가를 사용하거나 재량휴업일을 학교장이 지정하는 것은 불가능하다는 방침을 통보했다. 또한 교사의 절박한 투쟁이었던 공교육 멈춤을 '정상적인 학사 운영 저해 행위'로 평가절하했다.

교사를 협박하는 교육부의 태도에 교사들은 위축될 수밖에 없었지만, 이대로 굴복하게 되면 더 이상 교육 현장에 희망이 없다는 절박한 심정으로 행동에 나섰다. 또한 교사의 투쟁과 공교육 정상화를 지지하는 많은 학생과 학부모, 시민들은 교사의 파업을 공개적으로 지지했다. 시민의 응원과 연대로 9월 4일 49재 집회는 12만 명이 참여하는 대규모 집회로 이어졌으며, 국회 교육위원회 소속 의원들이 대거 집회에 참여하여 교사의 요구를 경청하였다. 또한 집회에서 나온 한국 교사들의 집단행동과 요구를 대부분의 언론사와 외신이 대서특필하게 되었다.

공교육 멈춤의 날 당일, 잇따른 징계 위협에도 교사 수만 명의 참여가 실현되자, 국회 예결위 회의에 출석한 이주호 장관은 추모 집회에 참여한 교사를 징계할 것인지 묻는 도종환 의원의 질의에 "최대한 선처하려 노력하겠다"고 변명했다. 또한 강훈식 의원이 재차 관련 질의를 하자 "징계를 하지 않을 것"이라며 기존 입장에서 한발 후퇴한 답변을 내놓았다.

기어코 성사시킨 대규모 집회, 언론의 주목 속에서 교육부는 결국 징계를 철회하고 한발 물러났다. 노동기본권이 없는 교사의 우회 파업 전략은 징계 겁박에 흔들렸으나, 교사들은 대규모 집회로 응수하여 돌파구를 만들어 낸 끝에 승리를 거둔 것이다.

새로운 교사 운동의 탄생

고도로 정보화된, 초연결 사회가 도래하면서 현대인들은 이전과 전혀 다른 소통 환경을 마주하고 있다. 이는 온라인 공간에서 이뤄지는 다차원적인 소통으로 직접 민주주의를 발전시킬 가능성도 내포한다. 2023년 교사집회와 파업이라는 변혁적인 사건 이후 교사 사회는 학술 논문, 단행본 출간, 온라인 커뮤니티 확장, 교사회 권한 강화와 기능 확대 등을 통해 교사 당사자 간에 깊이 있게 평가하고 토론하는 과정을 통해 교사의 새로운 정체성을 계속 확립해 나가고 있다.

전국교사집회 과정에서 교사들이 보여 준 교사 커뮤니티 중심의 소통 방식과 집단적인 의제 설정, 집단 지성과 자발적인 집행부의 결성은 폭발적인 대중적 참여를 불러왔고, 그 결과 새로운 형태의 교사 운동이 탄생했다.

교사 사회는 교사 개인의 집합 형태로 존재하고 직무도 분절적이다. 그러나 서이초 사건과 전국교사집회를 통해 교사들은 집단의 힘을 확인하였고, 함께할 수 있다는 확신을 얻었다. '개별' 교사의 정체성으로는 하지 못하는 일을 공동체의 힘으로 이뤄 내는 효과를 확인한 것이다. 현재 우리는 같은 분노를 가진 동료성을 넘어, 우리 교육의 문제를 함께 해결하는 자주적·집단적 행동 양식 마련에 도달하였다. 교원노동조합 및 단체의 재구조화, 교사 정치 세력화, 교사의 기본권·노동권 쟁취 등의 의제에 많은 교원이 관심을 가지는 고무적인 상황에 있다. 이는 숙고와 숙의를 멀리하는 반지성주의의 위험을 경계하며 교사 집단의 정체성 확립을 위한 새로운 장을 열게 했다.

전국교사집회, 그럼에도 불구하고: 한계

대한민국 국회는 교권보호 강화를 목적으로 일명 교권 5법을 통과시켰다. 교권 5법이 비교적 빠른 속도로 국회 본회의를 통과한 것은 교사집회의 큰 성과이지만, 교권 5법으로 모든 문제를 해결하기에는 몇 가지 한계가 있다.

정서적 아동학대 개념의 모호함

아동학대로부터 아동을 폭넓게 보호하고자 신설하였던 아동복지법상 정서적 아동학대 조항은, 그동안 그 취지와 맞지 않게 무분별한 악성 민원의 도구로서 교사의 교육 활동을 위협하는 수단으로 악용되었다. 이에 아동복지법과 정서적 아동학대 처벌 조항이 본래 취지를 되찾고 제 역할을 할 수 있도록, 지난해부터 현장 교사들은 아동복지법 개정을 촉구해 왔다.

   그러나 결국 아동복지법상 아동학대 개념의 수정은 이뤄지지 않았다. 교사의 정당한 생활지도 및 훈육은 아동학대에서 제외한다고 명시하고 있지만, '정당한 교육 활동'의 기준이 여전히 모호하다. 별다른 정황이나 증거 없이도 악의적으로 아동학대 신고를 하여 교사에 대한 공격 수단으로 활용할 여지가 남아 있는 것이다.

교권보호를 위한 실효적 예산, 인력 부재

새로 개정한 초·중등교육법에서는 교사의 정당한 교육 활동을 침해하는 행위를 금지하고, 이를 위반할 경우 일정한 제재를 가할 수 있도록 했지만, 실효성이 의문이다. 교권침해 행위를 물리적으로 제지할 수단이 마땅치 않고, 교원 생활지도에 관한 규정도 현실에서 구현할 수 없는 방식으로 구성해 놓았기 때문이다.

   무엇보다 민원 대응 관련 예산이나 인력이 전혀 늘어나지 않았다. 결국 교육청이나 학교 관리자 차원에서 학부모의 민원을 방어해 줄 시스템을 제대로 구축하지 않으면, 법 개정의 실효성은 크게 떨어질 수밖에 없다.

교사 업무 지원 대책 미흡

교사들은 악성 민원뿐만 아니라 과중한 행정업무로 인해 교육이라는 본연의 역할을 수행하기 어려운 상황에 처해 있다. 그러나 이번 교권 5법 개정은 악성 민원에 초점을 맞추었을 뿐, 교사의 업무 부담을 줄이기 위한 실질적인 조치는 부족하다.

예를 들어 교사의 행정적 부담을 줄이기 위한 교사직무법을 제정한다거나, 교사가 수업과 생활지도에만 집중할 수 있도록 학교 업무의 총량을 줄이는 제도나 장치를 마련하지 못했다. 결과적으로 이번 법 개정이 교권보호라는 명분에만 머물고, 정작 교사의 근무 환경 개선에는 큰 영향을 미치지 못할 가능성이 높다.

설상가상으로 교사 정원 감축과 유보 통합, 늘봄 강행, 현장체험학습 사고 판결에서 확인한 교사 무한 책임의 문제 등 교육 현장은 혼란만 더해 가고, 교사가 학교교육의 주체로서 인정받는 느낌을 받지 못한다. 학교 문화도 관리자 중심의 하향식 권위주의 조직 문화와 회의 문화가 여전하다.

"집회에 나왔던 그 수많은 사람이 왜 학교 직원회의 때 한마디도 하지 않을까?" 교권 투쟁이 학생과 학부모를 적으로 돌리고 욕하는 것이 아니라 진짜 권한을 쥐고 있는 교육부와 교육청 관료들에게 분노의 초점을 맞추려면 그리고 학교장에게 당당하게 얘기할 수 있는 학교 문화를 만들려면, 우리는 무엇을 해야 할 것인가?

전국교사집회가 남긴 과제

교사의 교육 활동 보호

아동복지법 개정: 정서적 아동학대 요건 명확화

지난 2014년 아동학대 처벌 규정이 바뀐 이후, 가해자(교사)가 아동학대로 5만 원 이상 벌금형만 받아도 해임되거나 10년간 아동 관련 기관(교직)에서 일하지 못하는 규정이 생겼다. 또한 요건을 명확하게 밝히지 않은 정서적 아동학대 조항의 신설로, 교사의 교육 활동이 학생의 행위를 규제하는 방식으로 이뤄질 경우, 정도가 경미하더라도 정서학대로 판단하는 사례가 다수 발생하였다. 교육청마다 조금씩 편차는 있으나, 신고의 타당성이나 맥락과는 관계없이 신고를 접수하는 즉시 교사를 직위 해제하는 조치도 빈번하게 발생했다.

그렇다 보니 아동학대 개념은 실질적으로 학대 행위를 막기보다는, 교육 현장을 병들게 하는 병폐로 작용하게 되었다. 실제 교육 현장에서는 학생의 학습권 보호를 위해서라도, 다양한 상황과 맥락에서 교사가 행위를 규제하는 방식을 택해야 하는 순간이 닥친다. 이러한 교육 활동을 전부 정서학대로 규정하고 처벌한다면 교사의 교육 활동은 극도로 위축될 수밖에 없고, 다수 학생의 학습권을 보호하기 위한 조치도 취할 수 없다. 즉 교사가 교실을 포기해야 하는 상황이 발생한다.

또한 교육 방식과 관점에서 보호자와 의견 차이가 발생하고, 이로 인한 갈등이 발생했을 때 대화가 아닌 아동학대 신고로 문제를 해결하려는 시도가 이뤄지게 된다. 정확하게는 문제 해결이 아닌, 교사를 아동학대 혐의자로 낙인찍어 자녀의 주변에서 해당 교사를 제거하려는 것이다. 아동학대 신고는 이렇게 학생의 삶을 지키는 방패가 아니라 교사를 죽이는 칼로 둔갑하게 된다.

실제로 교권 5법 시행 이후 7개월간 수사기관이 '정당한 교육 활동'이라는 교육감 의견서를 받고 처리한 사건 110건 중 95건(86.3%)이 불기소 또는 불입건으로 종결되었고, 교원이 기소된 사건은 3건(2.7%)에 그쳤다. 따라서 악성 민원과 무분별한 아동학대 신고를 원천 방지하기 위한 아동복지법 개정이 필요하다.

헌법재판소 판결례에서도 확인할 수 있듯이, 사법기관은 유형력·지속성·반복성을 아동학대의 판단 기준으로 삼고 있다. 즉, 이미 사법기관에서 판단 기준으로 삼고 있는 유형력과 지속성, 반복성을 명시하여 '지속·반복적이거나 일회성이라도 그 정도가 신체적 학대 수준에 이를 만큼 중대한 경우'로 정서학대의 요건을 명확하게 규정한다면 무분별한 아동학대 신고와 그 신고에 따른 수사로 인한 사회적 낭비를 대폭 줄일 수 있을 것이다.

민원대응시스템 마련: 악성 민원 방지

지난해 서이초 사건 이후 교육부가 마련한 대책 중 핵심은 '학교 민원 대응팀 구성'이다. 하지만 학교 현장에서는 교권보호 대책의 실효성을 체감하지 못한다는 의견이 쏟아져 나왔다. 지난 2024년 전교조가 스승의날 주간을 맞아 4월 30일부터 5월 8일까지 전국 유·초·중·고 교사 1,471여 명을 대상으로 학교 민원 대응팀을 실효성 있게 운영하고 있는지 실태 조사를 한 결과, 응답 교사 중 불과 38.8%만 학교 민원 대응팀을 구성하였다고 밝혔다. 학교 민원 대응팀이 구성되지 않았다는 답변이 22.1%, 구성 여부를 모른다는 답변이 39%로, 대응팀 구성 여부를 몰라 지원을 받을 수 없거나 대응팀이 구성되지 않았다는 답변 비율이 61.1%에 달했다.

또한 민원 대응팀을 구성하더라도 5개교 중 1개교는 교사가 민원 대응팀 실무를 맡은 것으로 드러났다. 응답 교사 중 22%는 '교사가 대응팀 실무 책임을 맡고 있다'고 답변했으며, 관리자의 의식 및 태도에 따라 학교별 운영 차가 크다고 문제를 제기했다. 교육부는 학교 민원 대응팀을 도입하면서 교사가 민원을 직접 대응하지 않도록 악성 민원 안전장치를 마련하겠다고 밝혔으나, 일부 학교에서는 사실상 교사가 또다시 민원 대응팀 실무를 맡으면서 이러한 도입 취지를 제대로 살리지 못한 것이다.

대응팀 시스템에 만족하지 않거나(54.7%) 모르겠다(30.2%)는 답변은 84.9%에 달하였다. 불만족 이유를 묻는 질문에 응답 교사의 67.3%는 '결국 교사가 민원을 해결하게 된다'고 답하였다. 응답 교사들은 민원 전화는 학교 번호로 안내되어 있지만 실제 학부모가 직접 담임교사에게 연락하면서 민원 대응팀이 유명무실해지고 있다고 설명했다. 응답자의 53.0%는 학교 민원 대응 매뉴얼이 체계적으로 갖춰져 있지 않은 점을 지적하였다.

이러한 실태 조사 결과는 민원 대응팀 운영을 위한 최소한의 여건도 갖추지 못한 학교 현실을 여실히 보여 준다. 교육 당국은 단순히 민원 대응팀 마련을 지시하는 것뿐만 아니라, 시설 및 인력 충원을 위한 구체적 방안 제시 등 실질적 지원 방안을 마련해야 한다. 또한 악성 민원으로부터 교사를 보호하려면, 민원 대응팀 구성에 교장과 교감 등 관리자가 주도적으로 참여하고 실무를 수행해야 한다.

교사에 대한 소송사무 지원법 마련

교원으로서 수행한 교육 활동과 관련된 소송 사건의 경우, 그 사무를 지원할 수 있도록 하는 '교원의 교육 활동 보호를 위한 소송사무 처리 지원 특례법'을 제정해야 한다. 그동안 대한민국의 교사는 불가피하게 발생한 사고라 할지라도 그 책임을 홀로 떠안아야 했고, 교육 활동이 심각하게 위축되었을 뿐만 아니라 자칫 범죄자가 되어 직업을 잃을 수도 있다는 심적 고통을 받았다.

 교사들은 최종적으로 무죄 선고가 난다고 해도, 교육 활동과 관련된 소송의 과정에서 엄청난 신체적·심리적 압박감을 겪는다. 이 과정에서 형이 확정되지 않더라도 교직을 자의 혹은 타의로 내려놓게 되는 상황도 빈번히 발생하며, 무죄로 판명 났으나 심리적인 타격을 받아 더 이상 교직을 수행하지 못하게 된 사례도 있다.

 적어도 교육 활동 중 발생한 소송 사건, 그중에서도 중과실이나 고의가 아닌 이상 교사가 소송에 시달리다 교직을 그만두는 일은 없어야 한다. 따라서 교육 활동과 관련된 소송의 경우 교사가 아닌 교육청 등의 기관이 그 소송사무를 대리하도록 하고, 고의 또는 중대한 과실이 없을 때 책임은 면할 수 있도록 면책권을 부여해야 한다.

교육에 집중할 수 있는 환경 조성

교사 직무법 제정: 행정업무 해소

초·중등교육법 제20조, 유아교육법 제21조는 '교직원의 임무'라는 제목으로 교사의 임무를 학생 교육으로, 직원의 임무를 학교의 행정사무와 기타 사무 담당으로 규정하여, 교사와 직원의 임무를 명확히 구분하고 있다. 그러나 실제 학교 현장에서는 교사가 채용, 회계, 시설 관리 업무와 같은 행정업무를 하고 있어 수업 연구와 준비, 학생 상담 등의 교육 활동에 전념하기 어려운 상황이다. 교사 직무를 더욱 명확하게 법률로 규정하고, 교육 활동의 개념을 구체화하여 교사가 과도하게 짊어지고 있는 행정업무의 부담을 완화해야 한다.

'학교 업무 정상화'는 공교육 정상화의 필수 전제 조건이며, 교육부의 교육 분야 국정 과제이기도 하다. 그러나 그동안 교육부는 학교 업무와 관련된 직종 간 갈등을 조정하기 어렵다는 이유로 자신들의 책무를 교육청으로 떠밀어 넘겼으며, 교육청은 최소한의 업무 표준안조차 만들지 않고 교사가 행정업무를 떠맡고 있는 현실을 방치했다. 국회는 교육 당국이 더 이상 자신들의 책무를 저버리지 않도록, 교사 직무 법제화를 통해 교사의 직무가 교육 활동임을 구체적으로 명시하고, 그 외의 사무는 부과하지 않도록 강제해야 한다.

학교폭력예방법 개정: 학교의 사법화 방지

학교폭력 조치가 생활기록부에 기재되고 대학입시에 반영되는 한 학교의 소송전은 피할 수 없다. 이런 상황에서 학부모는 협력자가 아닌 민원인으로서 모든 법적 수단을 동원하게 된다. 문제는 이런 상황에서 교육 관료도, 관리자도 아무도 도와주지 않고 교사 홀로 대응하고 견뎌야 하는 현실이다.

이미 수년 전부터 현장에서는 "열심히 하지 마", "학생들 갈등에 괜히 개입하지 마", "선생님만 다쳐"라는 자조적인 말을 해 왔다. 학교폭력 문제를 잘 풀기 위한 상담과 훈육, 생활지도와 학급 운영이 민원으로 돌아오고 심지어 아동학대 신고로 이어질 때 교사들은 절망 속으로 빠져들었다. 무엇보다 더 큰 문제는 교사를 보호해야 할 교육청과 학교 관리자가 오히려 교사를 신고하는 사람이 되었고, 무혐의를 밝히기 위한 법적, 재정적 지원은 하나 없이 오롯이 교사 홀로 이 고통을 감내해야 한다는 사실이었다. 교사에게 교실의 폭력을 막아 낼 수 있는 법적 권한이 없어 교사 자신이 희생자가 되고 있다. 잘못한 아이를 나무랄 수도 없고, 피해 학생을 보호할 수도 없다.

우선 학교폭력 관계 법령상 규정된 학교폭력의 개념을 학교 안, 혹은 교육 활동 및 지도 과정에서 생기는 폭력 상황으로 규정해야 한다. 현재의 학교폭력 개념은 학교 안팎에서 학생을 대상으로 발생하는 모든 사건을 포괄하고 있다. 그래서 학교의 권한이나 기능 수준을 넘어서는 외부 사건까지 학교가 감당하며 이로 인한 분쟁도 증가하고 있다.

또한 학교에서 문제가 발생할 때 이뤄지는 교사의 '교육적 지도나 활동'을 안전하게 보호해야 한다. 법적인 권한으로 훈육권을 부여해야 악성 민원이 줄어들며, 불복 소송의 주체가 교육청이 되어야 교사는 교육 활동에 전념할 수 있다. 이외에 학교폭력 조사, 처리, 처분 등 전체 과정은 현재의 학교폭력조사관 제도처럼 일부 조사 과정만 이관하는 것이 아니라 별도 기관이나 부서로 전면 이관해야 한다. 교사가 학교폭력 예방 교육이나 회복적 생활교육, 상담 등 교육 활동에 전념할 수 있는 환경을 조성해야 한다.

분리 조치 지원: 수업 방해, 폭력 행위 차단

수업 방해, 폭력 행위를 하는 학생은 단호히 분리 조치하여 수업 공간을 다른 학생들과 분리해야 한다. 또한 분리 조치한 학생의 수업과 기존 수업이 각각 제대로 이뤄질 수 있도록 교사를 증원 배치하여 안정적인 분리제도 운영을 뒷받침해야 한다. 정서·행동 위기 학생의 수업을 일시적으로 별도로 이뤄지게끔 하는 조치는 지극히 정상적인 교육 활동 보호 조치일 뿐만 아니라, 모든 학생의 학습권 보장을 위해 불가피하다. 이러한 분리제도는 세계 모든 나라에서 예외 없이 시행하는 제도로, 학교 구성원의 권리 보호를 위해 당연히 시행해야 할 상식적인 제도인 것이다.

그럼에도 불구하고, 그동안 대한민국 교육 당국은 교실에서 지속적으로 수업을 방해하거나 폭력 행위를 한 학생을 다른 학생들과 같은 공간에서 수업하도록 방치하였으며, 교사가 그 어떤 교육적 방식으로 지도할 수 없게끔 만들어 왔다.

서이초 사건 발생 이후 여러 교권침해, 교사에 대한 폭력 사태가 사회적 이슈로 급부상하자 교육부는 부랴부랴 학생 분리 조치에 대한 규정을 마련하였으나, 법률적 근거가 빈약하고 행·재정적 지원 또한 전무한 수준이다. 그야말로 학교에서는 땜질식 처방으로 교무실이나 도서관, 특별실에 임시로 학생을 분리하는 등 분리 그 자체에만 급급한 상황이며 학생 모두의 학습권을 보장할 수 있는 여건 마련은 요원하다.

이러한 빈약한 여건은 교사들이 분리 조치에 나서기 부담스러운 환경을 만든다. 전교조가 2024년 조사한 '학교 민원대응·분리 조치 실태조사'에 따르면 '분리 조치를 요구하였거나 요구 사례를 들어 본 적이 있는 교사'는 23.1%에 불과했다. 또한, 교사 5명 중 1명(20.9%)은 학생 분리 조치가 필요한 상황이 발생하였으나 분리 조치를 요구하지 않았다고 밝혔다.

분리 조치가 필요하지만 요구하지 않는 가장 큰 이유는 '민원에 대한 염려(62.9%)'인 것으로 나타났다. 응답 교사들은 '학교별로 다른 분리 조치 절차와 이 과정을 제대로 지키지 않았다는 민원이 염려된다'고 답변하는 등, 학생 분리 조치가 오히려 악성 민원 같은 교육 활동 침해로 이어질 것을 우려했다.

응답 교사의 74.2%는 제도 안착을 위해 '분리 학생 전담 인력 지원(교장·교감 법적 직무에 분리 학생 지도 부과, 수석교사 중 희망자 생활지도 전문교사로 전환, 별도 인력 충원 등)'이 가장 필요하다고 답하였다. '분리 학생을 교육할 수 있는 공간 지원'과 '특수교육 및 심리 치유 대상 학생을 위한 전문 인력 지원'이 각각 41.0%와 36.9%로 뒤를 이었다. 제도 안착을 위해 가장 필요한 것은 인력, 공간, 전문성 확보를 위한 행·재정적 지원이라는 것이다.

이에 전교조는 민원 대응팀, 분리 조치 도입 당시부터 학교 자율이 아닌 전국적으로 통일된 지침을 마련하고, 이와 함께 행·재정적 지원 사항을 법률로 정할 것을 요구해 왔지만, 교육 당국이 예산이 필요한 조치 사항을 차일피일 미루며 관련 사항은 여전히 답보 상태다. 통일된 지침의 부재, 행·재정적 지원의 부실함이 정책 실효성 저하로 이어진 만큼, 교권보호 대책의 정착을 위해 교육 당국이 관련 실태를 조속히 점검하고, 미흡한 점을 보완해야 한다.

교사의 교권, 교육권 법제화

교사의 역할에 대한 사회적 가치를 인정하지 않는 것은 일차적으로는 법적 권한과 권리를 부여하지 않고 있는 것에서 기인한다. 이를 해결하는 것은 변화하는 시대에 맞는 교육과 교사의 역할에 대한 사회적 가치를 부여하는 출발점이 될 것이다. 교사의 법적 임무는 학생 교육이나 수업과 교육과정, 평가에 관해 부여한 법적 권한이 없으며, 평가는 학교장의 권한이다. '법령에 따라 학생을 교육'하는 교사의 역할은 사실상 학교장의 명령에 따라 학생을 교육하는 것과 같다.

먼저 교원지위법이나 교육기본법 등 관계 법령에서 '교권'을 교사가 한 인간으로서 가지는 기본적인 권리와 교육 전문가로 업무 수행에 필요한 권한으로 정의하고, 교권을 보장하도록 해야 한다. 교사가 학교에서 제대로 교육하기 위해 권리와 권한을 모두 보장받아야 한다는 것을 입법을 통해 확인하는 것이다.

이는 학습권 즉, 국민의 교육받을 권리를 보장하기 위함이다. 수업권, 생활지도권, 교육과정 편성권, 평가권을 법률상 교사의 권한으로 규정해야 하며, 교사가 한 인간으로서 누려야 하는 기본적인 인권은 학교 구성원 모두의 인권을 보장해야 하는 것과 마찬가지로 동등하게 보장받아야 한다.

교사와 학생의 권리가 모두 존중되는 학교공동체를 만들기 위해서는 이를 포괄하는 대안이 필요하며 교사와 학생, 교사와 학부모의 대립 구도를 전환할 수 있는 방향이 필요하다. 다른 나라의 학교 구성원 권리와 의무에 관한 장전, 규정과 달리 대한민국 법률에는 각 교육 주체들의 교육권의 개념과 범위, 그 권한의 한계가 법리적으로 명확하게 정립되어 있지 않다. 국회는 법률적으로 교사의 권한을 보장하고, 학교 구성원 간 상호 관계를 학교 자치의 관점에서 바로 잡아 제정해야 한다.

교사의 정책 참여 보장

교사의 권한과 역할이 확립된 독일과 덴마크

독일과 덴마크의 교육 시스템을 살펴보면 교사의 권한과 역할이 확립된 형태를 보인다. 전교조 주관의 독일-덴마크 학교 탐방 프로그램에서 진행된 베를린 교원노조와의 간담회에서, 독일 교사들은 파업권을 보장받고 있으며 이를 통해 교육 환경을 개선하고 있다는 점이 강조되었다. 이들은 단체교섭을 통해 교원의 권리를 보호하고 있으며, 이러한 과정이 공교육의 질을 높이는 데 기여한다고 평가한다. 현재 우리나라에서는 교사들의 집단행동을 법적으로 제한하고 있으며, 정부와 교육부가 일방적인 정책을 추진하는 과정에서 교사의 의견을 충분히 반영하지 않고 있다.

독일 교사들은 주로 학급당 학생 수 감소, 교원 임금 인상, 업무 과중 문제 해결을 요구하며 파업을 진행하고 있다. 이러한 요구는 한국의 교육 현장과도 유사한 문제들이지만 독일에서는 교사들이 직접 교섭과 집단행동을 통해 해결책을 마련할 수 있다는 점에서 차이가 있다. 한국의 교사는 반복적인 요구에도 불구하고 교육부와 정부의 정책 방향에 실질적인 영향을 미치기 어려운 구조에 놓여 있다.

교사의 역할이 존중받기 위해서는 실질적인 권한을 보장해야 한다. 노동3권, 특히 파업권의 보장은 교사가 교육 환경을 개선하는 데 중요한 요소로 작용할 수 있다. 독일과 덴마크에서는 교사 출신 국회의원 비율이 10~15%에 이르며, 교사로서의 경험을 바탕으로 교육정책을 조정하는 역할을 한다. 반면, 한국에서는 교사가 정치에 참여하기 위해 직업을 포기해야 하는 구조적 한계가 존재한다. 이는 교사의 정치적 기본권 보장이 필수임을 시사하며, 교사들이 정책 결정 과정에 적극 참여할 수 있도록 하는 제도 변화가 필요하다.

교육의 변화는 교사의 참여와 정책적 지원을 통해 이루어질 수 있다. 교사가 교육 현장에서 안정적인 역할을 할 수 있도록 제도를 마련해야 한다. 정치적 기본권을 포함한 교사의 권리 보장은 장기적으로 교육의 질을 향상시키는 데 중요한 역할을 할 것이다. 정부가 교사의 교육권과 노동권을 보장하는 환경에서, 공교육을 더 안정적으로 운영할 수 있으며 학생들에게도 더 나은 교육 환경을 제공할 수 있을 것이다.

교원의 노동3권과 정치기본권 보장은 교권 확보와 교육 환경 개선을 위한 핵심적인 과제이다. 서이초 교사의 희생을 계기로 전국 교사들은 더욱 강력한 대응 방법을 고민하기 시작했다. "왜 교사는 파업할 수 없는가?", "교사 출신 국회의원이 있어야 교육정책이 개선될 수 있다"는 요구가 자연스럽게 제기되었다. 과거에는 집회조차 어려웠던 상황이었지만, 이제는 교사들이 직접적으로 파업권과 정치적 기본권을 요구하는 목소리가 커지고 있다.

전국교사집회 이후 국내에서도 교사의 정치 참여가 교육개혁을 이끄는 중요한 요소가 될 수 있다는 점을 강조하고 있다. 서이초 사건 이후, 교사 출신 국회의원이 3명 선출되었으며, 이를 통해 교사의 권리를 대변할 수 있는 정치적 기반이 늘어나고 있다. 그러나 이는 국회의원 300명 중 3명, 1%에 불과하다. 독일과 덴마크에서는 교사 출신 국회의원이 10~15%를 차지하며 임기를 마친 후 다시 교사로 복귀할 수 있는 반면, 한국에서는 교사직을 포기해야 정계에 입문할 수 있어 제도 개선이 필요하다. 또한 향후 교육정책 논의를 위한 국가교육위원회 차원의 논의가 필요하며, 이를 통해 교사들이 직접 교육정책을 결정하고 실행할 수 있도록 해야 한다.

독일에서는 보이텔스바흐 합의를 기반으로 정치적 중립성을 유지하면서도 교사의 시민적 권리를 보장하고 있다. 이에 따라 대한민국에서도 교사의 정치기본권을 논의하기 위한 기구가 필요하다. 6개 교원단체가 이에 대한 논의를 제안하고 있으며, 구체적인 실행 방안 마련이 시급한 상황이다.

정치기본권: 시민으로서 교사의 권리

우리나라 교원은 세계에서 유래를 찾을 수 없을 정도의 '정치적 금치산자' 상태에 놓여 있다. 교원의 정치적 기본권 제한 근거로 제시하는 헌법 제31조 4항 '교원의 정치적 중립' 규정은 정치적 외압으로부터 자유로울 '권리'를 보장하는 것이지, 교사의 기본권인 정치 활동 자체를 금지하는 조항이 아니다. 그럼에도 정부는 교사의 정치기본권을 박탈했다. 정당 가입, 정치자금 후원, 선거운동은 고사하고 학교 밖, 수업 외에서 사적으로 행한 사소한 의사 표현조차 정치 활동으로 낙인찍혀 징계와 처벌의 대상이 된다.

정치기본권은 시민의 기본권이다. 모든 시민은 선거권·피선거권과 함께 정치적 표현, 정당 가입, 선거운동, 정치자금 후원 등 정치에 참여할 수 있는 정치기본권을 보장받아야 한다. 이러한 정치기본권은 정책의 의사 결정에 참여할 수 있는 가장 근본 권한이자 헌법상 기본권이기에, 불가피한 경우 이를 최소한으로만 제한해야 한다.

따라서 교사 정치기본권 박탈 행위는 권리의 최소 침해성 등 기본권 제한의 요건조차 갖추지 못한 반헌법적인 조치에 해당한다. 교사는 교원·공무원이기 전에 이 사회에서 살아가고 있는 시민이다. 공무를 수행할 때는 국민에 대한 봉사자로서 공정하게 공무를 수행해야 하지만, 근무 외 시공간에서는 기본권의 주체인 시민으로서 권리 행사를 보장해야 한다.

지난 2021년 국제노동기구ILO 전문가위원회는 한국 정부가 유·초·중·고 교사들에게 학교 밖에서 수업과 무관하게 이루어지는 정치 활동까지 일반적으로 금지하는 것은 고용·직업상 차별 철폐를 규정한 ILO협약 111호를 위반하는 것이라는 점을 분명히 밝혔다. 이는 정치기본권이 보장되는 대학교수와 비교할 때 과도한 차별이라는 취지다. 국가인권위원회도 2019년 교원과 공무원의 정치적 자유를 과도하게 제한하는 법 개정을 정부에 권고한 바 있다.

　ILO와 인권위 권고에서도 드러나듯이, 교원의 근무시간 이외 정치활동 전면 금지는 선진국 대한민국에 도저히 어울리지 않는 모순적인 조치다. 교사 정치기본권 관련 세계 표준은 '보장'이다. ILO 의장국으로서 국제사회에 모범을 보여야 할 대한민국이, 여전히 교사의 정치기본권이 박탈된 처참한 현실을 방치하는 것은 참으로 부끄러운 일이다.

　지난 2019년 선거법 개정으로 만 18세 청소년은 선거권과 피선거권을 갖게 되었고, 정당 가입은 만 16세부터 가능해졌다. 그러나 그 청소년을 민주 시민으로 성장시키기 위한 교육을 수행하는 교사의 현실은 어떠한가? 학교 밖, 근무시간 이외에도 정치기본권을 박탈당한 교사는 정당과 선거, 의회 등 정치 활동에 직접 참여할 수 없다.

　지난 2024년 6월 22일, 22대 국회 개원 후 처음으로 교원·공무원 정치기본권 보장을 위한 4개 법안이 발의되었다. 5개 교원단체(전교조, 교사노조, 실천교사, 좋은교사운동, 새로운학교네트워크)가 지난 7월 2일부터 공동으로 실시한 인식 조사 결과, 전국 교사 중 98.2%가 교원 정치기본권이 보장되지 않았기 때문에 교육권 보장, 공교육 정상화 등 교사 요구가 제대로 받아들여지지 않는다고 지적하였다. 또한 공무 외 시공간에서 정치 활동을 보장해야 한다는 응답이 99.1%에 달하였으며, 교육감 선거에 휴직 후 출마를 허용하는 등 교육정책에 대한 정치기본권도 보장해야 한다고 강조하였다.

　교원 정치기본권에 대한 법적 근거, 세계적 기준, 교원 인식, 법안 구체화 등 이미 모든 준비는 끝났다. 늦었지만 지금이라도 국회는 교원의 정치기본권 보장 법안을 빠르게 통과시켜, 반헌법적으로 교원의 정치기본권이 박탈된 현실을 바꿔야 한다. 50만 교원에게 시민적·정치적 권리를 돌려주는 것은 교사 처우 개선을 위한 최소한의 노력이자, 교권 확립 및 보장에 필수적인 전제 조건이다.

노동기본권: 노동자로서 교사의 권리

공무원, 그중에서도 교사는 그동안 노동3권을 부정당하고 민간노조에 비해 지나치게 가혹한 제한을 받아 왔다. 아예 노동조합 설립조차 불가능했던 80, 90년대를 지나 전교조의 설립과 해직교사들의 투쟁으로 교원노조 설립이 가능해졌지만, 여전히 노동조합 활동을 가로막는 독소 조항(교섭 의제 제한, 부당노동행위 미처벌 등)이 곳곳에 뿌리내리고 있다.

노동3권 중 단결권은 보장받았으나 단체교섭권은 지극히 제한적으로 적용되고 있으며, 단체행동권은 아예 박탈당한 상황이다. 일례로 지난 2021년 전교조 대전지부는 교육감과 단체교섭을 진행하였으나 합의에 이르지 못했고, 중앙노동위원회는 전교조의 조정 신청을 받아들여 31개 조항에 대하여 중재재정을 결정했으나, 교육청의 소송 제기로 상소심을 거쳐 대법원은 일부 단체협약 조항의 효력을 상실한다고 결정했다. 교원노조법상 교육정책과 관련된 사항은 단체교섭의 영역으로 볼 수 없다는 이유였다.

그러나 해당 단체협약의 내용은 교사의 근무 여건 개선, 교육 활동 지원 등 교원노조가 반드시 쟁취해야 하는 권리에 관한 내용이 주를 이루며, 교육정책은 본질적으로 교원의 근무 여건에 중대한 영향을 미치기 때문에 정책 교섭 자체를 제한하는 조치는 과도한 단체교섭권 침해에 해당한다. 교원노조법에는 정책 교섭과 관련한 명확한 규정이 없는데도, 법률 미비를 이유로 대법원이 단체협약의 범위를 축소해 교원노조의 입에 재갈을 물린 것이다. 이 판결로 강원, 전북, 충북 등 일부 교육청은 단체교섭을 지연시키고 폄훼하며 교원노조의 권리 행사를 방해하고 있다.

또한 지난 2024년 10월, 경제사회노동위원회 산하 교원근무시간면제심의위원회(교원근면위)는 교원 근무시간 면제 한도(타임오프)를 민간 대비 반토막 낸 채로 통과시켰다. 타임오프제는 노동자가 노동조합 전임 근무자로 종사하는 경우, 휴직이 아닌 재직 상태를 유지하며 근무시간을 면제하고 노동조합 운영 활동에 전념할 수 있도록 지원하는 제도이다. 교원근면위의 결정으로, 공무원에 이어 교원들 또한 노동조합 활동에서 부당한 차별을 당하게 되었다.

당시 권기섭 경제사회노동위원회 위원장은 이에 대해 노동계, 정부, 공익위원 모두의 완전한 합의를 이뤘다고 자화자찬하였으나, 전교조는 타임오프 반토막 결정 이후 즉각 성명을 내고 "타임오프 반토막 사태의 실상은 일부 교원노조를 배제한 채 이뤄진 밀실 야합"이라며 "노동3권, 정치기본권에 이어 노동조합 활동까지 부당하게 차별하는 교원근면위의 결정은 역사에 길이 남을 반노동·반헌법적 결정"이라고 규탄하였다. 당시 근로자 위원으로 참여한 노동조합은 한국노총 소속 단위로 한정되었으며, 모든 교원의 의견을 수렴한 것도 아니기 때문이다.

교원근면위는 단일노조의 시도 단위 각 지부와 시도 단위 개별 노조가 혼재한 교원노조의 특성과 중복 조합원 규모 등 각 교원노조 특성에 따른 제반 사항을 전혀 고려하지 않았다. 이는 국회가 교원노조법을 개정하며 타임오프 논의 시 '노동조합의 조직 형태, 교섭구조·범위 등 공무원 노사 관계의 특성을 반영'하라고 주문한 사항에 대한 무시일 뿐만 아니라, '노동조합의 타임오프 결정 시 정부 개입을 최소화하고 노사 자율에 맡겨야 한다'고 명시한 국제노동기구의 기본협약 제87호를 위반한 것이다.

특히 교원노조의 경우 민간 노동조합의 사업장 개념을 각 학교로 적용하였을 때, 지역별로 사업장 수가 수천 곳에 이르기 때문에 정상적인 노동조합 활동을 위해서는 타임오프 한도를 민간과 비슷한 수준, 혹은 그 이상으로 보장하는 것이 합리적이다. 그러나 교원근면위 결정으로 교원노조는 각 시도 단위로 조합원 3,000명이 넘어야 간신히 민간 대비 절반 이상의 타임오프를 확보하게 되며, 일부 소규모 시도교육청 단위 교원노조의 경우 절반은커녕 40%를 밑도는 수준밖에 확보할 수가 없다.

지난 35년간 전교조는 교원노동조합으로서, 교사 노동자의 권리를 억압했던 부당한 제도에 맞서 싸웠고 권리를 쟁취했다. 그러나 아직 교사에게는 노동자로서의 권리, 노동권이 온전히 보장되지 않고 있다. 교원노동조합이 교원의 처우 개선과 교육정책에 관하여 폭넓게 단체교섭 및 단체협약을 체결할 수 있도록 하고, 지나치게 제약된 노동권을 행사할 수 있도록 교원노조법 개정과 교원의 노동권 보장을 위한 법률을 제정해야 한다. 또한 민간 노동조합 대비 온전한 전임자 수를 보장받을 수 있도록 타임오프 관련 규정을 다시 정비하는 것 또한 필요하다.

교권 확보 투쟁과 함께 정치·노동기본권 보장 운동을 함께 벌여야

교사들은 서이초 사건 이후 교사 출신 국회의원의 역할이 얼마나 중요한지 명확하게 깨달았다. 교사들은 정치기본권 보장 서명운동, 10만 청원, 기자회견 등 많은 실천을 해 왔다. 하지만 실제로 정치기본권을 쟁취할 수 있는 파급력이 높고 이슈를 만들 수 있는 움직임이 필요하다.

 노동자로서 안전한 일터를 요구하고, 노동3권의 보장을 쟁취하는 것도 중요하다. 노동3권의 보장 없이 교육 문제를 해결하기 매우 어렵다. 우리는 학교 내 구성원의 쟁의행위를 통해, 9월 4일 교사 파업을 통해 노동3권이 가지는 힘을 확인하였다. 정치기본권, 노동권의 보장 없이는 수많은 과제를 해결하지 못한다. 뛰어난 소수의 정치인이 우리 교육의 문제를 해결할 수 없다.

신자유주의적 교육관, '서비스로서의 교육' 타파

교육은 경제 논리로 이뤄지지 않는다

신자유주의 정책이 대두된 2000년대 이후, 우리 사회에서는 학교를 더 이상 배움의 장이 아니라 경제적 가치를 지닌 상품으로 취급하는 경향이 커졌다. 신자유주의적 시각에서는 교육을 시장의 원리에 따라 운영해야 하며, 개인이 비용을 지불하고 그에 따른 혜택을 누리는 일종의 서비스로 본다. 이러한 관점은 교육의 본질을 왜곡하며, 배움의 기회를 가진 자와 그렇지 못한 자 사이의 격차를 더욱 벌어지게 만든다.

교육은 단순한 수익 창출의 도구가 아니다. 교육의 목적은 지식의 전달뿐만 아니라 시민으로서의 자질 함양과 사회적 연대를 강화하는 데 있다. 따라서 교육을 경제 논리에 따라 운영하는 것은 교육기관과 교육정책이 이윤을 추구하는 방향으로 움직이게 하며, 이해득실에 따라 교육 여건을 개선하는 것과 거리가 먼 정책을 결정하게 만든다. 교사 증원이나 학급 증설, 행정업무 감축을 위한 행정 시스템 개선 등 비용이 비싼 투자는 꺼리게 될 것이고, 산업계를 지원하여 경제를 살린다는 명목 아래 교육 효과가 검증되지 않은 기자재 구입에 천문학적인 예산을 쏟아붓는 결정도 내릴 수 있을 것이다. 이렇게 공교육이 무너지고 교육정책이 시장에 의해 좌우될 때, 교육은 공공성을 잃게 된다.

교육 공공성의 붕괴는 교사에게도 큰 부담을 준다. 교육을 상품 취급하면서 교사는 단순한 서비스 제공자로 전락하고, 학생과 학부모는 소비자로 간주하는 경향이 강해진다. 이러한 환경에서는 학생과 학교의 정량적 성과가 평가의 중심이 되고, 교사들은 본질적인 교육 활동보다 경쟁과 실적 중심의 업무에 집중하게 된다.

교사는 단순히 지식을 전달하는 존재가 아니라, 학생의 성장을 돕고 사회적 가치와 인성을 함양하는 역할을 해야 한다. 그러나 신자유주의적 교육관이 퍼지면서 교육의 의미는 성적과 취업률로 축소되고, 교사의 교육 철학과 전문성이 존중받지 못하는 현실이 이어지고 있다. 교사는 학생의 다양성을 존중하며 창의적이고 자율적인 학습 환경을 조성하고 싶지만, 경제 논리에 따라 교육이 운영될 때 이러한 가치는 뒷전으로 밀려나기 쉽다.

모든 이를 위한 교육, 교육 공공성의 확립

교육의 공공성을 확립하는 것은 단순히 국가가 교육을 제공하는 것에 그치지 않는다. 모든 시민이 동등한 교육 기회를 보장받고, 경제적 여건과 관계없이 양질의 교육을 받을 수 있도록 사회적 시스템을 마련하는 것이 중요하다. 교육의 공공성을 강화하기 위해서는 무상교육의 확대, 공립학교의 지원 강화, 입시 경쟁 철폐, 교육 접근성을 높이기 위한 정책 등이 필요하다.

또한 교육이 공공재로서 기능하기 위해서는 정부뿐만 아니라 사회 전체의 노력이 필요하다. 다양한 주체들이 교육의 가치를 공유하고, 협력하여 지속 가능한 교육 환경을 조성해야 한다. 이를 통해 교육은 단순한 서비스가 아닌, 사회 구성원 모두가 향유해야 할 기본 권리로 자리 잡을 수 있다.

그렇기 때문에 신자유주의적 교육관을 극복하고 교육의 공공성을 확립하는 것은 교사뿐만 아니라 우리 사회가 지향해야 할 중요한 과제다. 교육이 시장 논리가 아닌 인간 중심의 가치에 기반할 때, 그리하여 교사의 교육권을 온전히 보장하고 교육이 가능한 학교를 만들 때, 우리는 비로소 더욱 질 높고 지속 가능한 사회로 나아갈 수 있을 것이다.

꿈꿔 보는 미래

지금까지 전국교사집회의 과정과 의미, 남겨진 과제들을 짚어 보았다. 11차례의 전국교사집회를 경험하며 교사들은 연대의 힘을 확인했다. 교육에 대한 희망을 품은 채 매주 거리로 쏟아져 나왔고, 전문적인 역량을 갖춰 법안을 분석하고 대안을 제시하며 국회를 압박하고 교육부와 교섭했다.

특히 공교육 멈춤의 날 투쟁에 대한 교육 당국의 징계 겁박에도 교사들은 꺾이지 않았다. 오히려 가능한 방법을 찾아 추모의 길을 만들었다. 지혜를 모아 학생들의 학습권을 보장하면서도 정당한 투쟁을 향해 창의적인 길을 만든 것이다.

뜨겁던 2023년 여름을 돌이켜 보는 것만으로는 변화를 만들어 낼 수 없고, 앞으로 나아가기 어렵다. 그렇기에 교사들의 염원을 담은 우리 교육의 미래를 그려 보려 한다. 아직 꿈꿔 보는 미래지만, 곧 다가올 현실의 모습이길 바란다.

시민으로서 모든 권리를 행사하는 교사

지금은 2030년, 학교가 바뀌었다. 매년 9월 4일, 교사들은 검은 점이 되어 공교육을 멈췄다. 탈정치를 외치며 시작했던 교사들의 요구는 아이러니하게도 정치기본권, 노동기본권 보장과 함께 시작되었다.

    교수들이 직을 유지하면서 휴직 후 선거 출마가 가능했던 것처럼, 현직 교사의 입후보가 자유로워진 덕에 현직 교사 교육감이 전국 곳곳에서 임기를 시작하였고, 이들은 교육 전문성을 가지고 교육행정을 추진하였다.

    변화의 첫 시작은 각 시도교육청의 예산이었다. 각 시도의회로 진출한 교사 출신 시의원들은 교육청이 추진하는 사업이 학교에 어떤 식으로 영향을 미칠지 정확하게 알고 있기에 예산 배정부터 변화가 시작되었다. 중복 예산이 사라졌고, 보여 주기식 사업이 아닌 학교와 학생에게 꼭 필요한 교육정책에 예산이 배정되었고 그 효과는 곧장 학교 현장에 나타났다. 교사의 교육 활동 지원, 학생의 복지와 수업 지원이 강화되었다. 교육부나 교육청이 추진하던 선도학교나 연구학교의 규모를 줄이고 예산을 적정화하였다. 교권보호 조치에 예산 투여를 시작했고, 변호사·상담사·전문직 등을 배치한 각 시도교육지원청 교권보호센터는 실질적인 역할을 하기 시작했다.

또한 방과후학교, 학생 복지, 정보 기자재 등 다양한 분야에서 이루어지던 지원 사업을 통합하여 지자체로 이관하였다. 학교 우유 급식도 지자체 바우처 사업으로 100% 전환하였다. 불필요한 시설 개선에 투자하던 예산을 학교 공간 혁신 사업에 투자해 친환경적인 학교 공간에서 학교 구성원들이 민주적인 소통이 가능하도록 만들었다. 학교는 놀이와 수업, 자유로운 소통이 가능한 안전한 공간으로 점차 변화해 갔다.

정치효능감을 느낀 교사들은 정당에 가입하고 국회로 자신의 의견을 전달하였으며, 휴직 후 선거에 출마하여 당선되는 교사도 늘어났다. 이에 국회는 교사에 대한 악성 민원의 주원인이었던 아동복지법상 정서학대의 개념을 신체적 학대에 준하는 수준으로 매우 엄격히 명확화하였으며, 교사의 교육 활동을 폭넓게 인정할 수 있도록 면책 규정을 완비하였다. 또한 국가배상법과 교원지위법을 개정하여 교육 활동 중 벌어진 사안으로 아동학대 같은 신고를 당하는 경우, 교사가 개인적으로 법률 대응을 하는 것이 아니라 소송사무를 교육청이 대리하도록 규정하였다.

교사의 정치적 행동은 교사 생존권으로 시작된 교권보호 시스템 마련에서 연금 개악 저지까지 폭넓게 이루어졌다. 단결권과 단체행동권을 얻어 낸 후 교사뿐 아니라 관리자, 교육 전문직까지 노동조합을 만들어 교원의 사회적, 경제적 처우 개선을 위한 행동에 함께 나서게 되었다.

교사가 직접 만드는 교육정책

시민으로서 권리를 온전히 누리는 교사의 기본권이 더 확장됨에 따라 교육부도 이 변화를 피할 수 없었다. 학생 수가 줄어들었으니 교사 수도 줄인다는 일차원적 접근에서 비롯한 교사 정원 감축이 실제 학교 현장에 어떤 피해를 가져오는지 대정부 질문과 국정감사에서 드러났다. 교육부의 근시안적인 교육정책 및 행정 운영을 확인한 시민들은 분노했다. 교사와 시민의 교육부 연대 투쟁은 교육부가 학급당 학생 수를 적정한 수준으로 조정하고, 학급 수에 맞는 교사 수급 방안을 마련하도록 하였다.

교사 정원이 확보되자 교사는 아프면 병가를 쓰고 쉴 수 있는 건강권의 확보부터, 인력 확충을 통해 각종 업무가 감축되자 그 시간을 수업 준비와 학생 상담에 투자하게 되었다. 정서·행동 위기 학생 지도 과정에서 받을 수 있는 지원책이 확대되었고, 정원 감축으로 인해 학교 내 교사를 줄이기 위한 '잔혹한 칼'의 회의를 멈추고 동료성 회복을 이룰 수 있었다.

AI디지털교과서는 기존 에듀테크 활용으로 대체하여 수업권을 가진 교사가 자유롭게 선택할 수 있었다. 고교학점제는 국가교육위원회의 입시제도 대개혁과 교사 행정업무 경감, 다과목 교사 수업 시수 조정 등의 조치 이후로 무기한 유예하였다. 유보통합도 마찬가지다. 교육기관으로서 유치원의 정체성을 확립하기 위해 유아학교로 명칭을 변경하고, 국공립 유아학교 비율을 80% 수준으로 확대 설립하였으며, 이로 인해 자연스레 유보통합 논의는 유보 이원화 논의로 변경되었다. 교사 양성체계는 교육과 보육 각각의 전문성을 분리 확대하는 방향으로 개편하고, 유보통합에 쓰일 뻔한 각종 교육재정을 지켜 내어 시설과 환경 개선에 쓰였다.

늘봄학교는 일몰제 사업이 되었다. 영유아 보육과 유아교육을 이원화하는 과정에서 보육 부서를 교육부 및 교육청과 별도로 설립·확장하여, 교육부가 맡고 있던 초등 대상 보육 정책인 늘봄학교도 지자체와 별도 부서로 이관하는 중이다. 또한 보육 시설이 적은 군 단위 지역부터 지역 아동 돌봄기관을 확대하고 있다.

학교 업무 재구조화는 학교 구성원들이 각자 고유의 권한과 책임을 통해 일하는 분위기를 만들었다. 학교 관리자는 학생의 학습권과 교사의 교육권 보장을 위한 역할 그리고 각종 민원 책임자 역할을 하게 된다. 교사는 학생 교육 활동에, 행정실은 각종 학교 시설 관리 및 회계 등 교육 행정업무에, 교육 지원 인력은 교육 활동 지원 업무에 집중하게 된다. 이는 교사가 학생 교육에 전념하도록 해 교육력 강화에 기여하게 되고, 학교 내 업무 갈등을 줄이는 효과도 가져왔다.

교육 당국의 교사 보호 체계 확립

현재 각 지역교육청은 교사가 무고하게 어려움을 겪지 않도록 '아동학대 현장대응팀'을 구성하고 운영하고 있다. 신고 당한 사안이 최종 무혐의가 나왔을 때, 아동학대 현장대응팀과 피해 교사는 무고죄 고발 여부를 결정할 수 있게 되었고 고발하는 경우 아동학대 현장대응팀에서 사안을 도맡아 진행한다. 아동복지법상 정서적 아동학대의 개념도 명확화되어 교육 활동을 아동학대로 의심 신고하는 사례 비율은 매우 낮아졌으며, 교사는 더 이상 자신의 교육 활동이 불필요한 민원이나 신고를 받을까 걱정할 필요가 없다.

또한 교육 활동 중 일어난 모든 소송사무에 대해서는 교육청이 대리한다. 교사가 개인적으로 변호인을 선임하거나, 법률 대응 비용을 낼 필요도 없다. 애초에 관계 법령 개정으로 교사의 민형사상 책임은 고의나 중과실에 해당하는 아주 일부 경우가 아닌 이상, 공무 수행 과정에서 발생한 사건임을 참작하여 면책된다.

이제 학교폭력은 더 이상 학교 안팎에서 발생하는 모든 사안을 일컫는 말이 아니다. 일방의 폭력 사안과 학생 분쟁 사안으로 구분하여 다룬다. 범위는 정규 교육과정 시간에, 교내에서 발생한, 학생 간의 갈등 사안으로 축소되었다.

사안 처리 절차도 달라졌다. 0단계 학교폭력 중재, 1단계 학교폭력 심층 사안 조사, 2단계 학교폭력심의위원회 개최, 3단계 조치 이행의 총 4가지 절차를 따른다. 절차에서 가장 크게 달라진 점은 0단계 중재 부분이다. 학생이나 보호자가 사안을 접수하면 가장 먼저 중재 절차를 거친다. 중재 절차를 이행하는 주체는 교육지원청이다. 기존에 운영하던 회복조정 지원단, 관계 개선 위원회, 학교폭력 전담조사관 같은 인력을 활용하여 각 학교로 이동하여 사안 중재 절차에 들어간다.

악성 민원과 위기 학생, 개인이 아닌 기관이 대응

학교 민원 시스템이 자리를 잡았다. 담임교사 개인이 모든 책임을 떠안고 처리하는 민원은 아예 사라졌다. 기관 차원의 민원 대응 절차만 남았다. 악성 민원 발생에 대비해 각 교육지원청은 '민원처리종합시스템'을 운영하고 있다. 민원을 온라인 서면민원-전화민원-방문상담 3가지로 구별하였다. 민원처리종합시스템은 단계별 민원처리와 출결 관리로 이루어져 있다. 민원처리는 각 단계에서 단순문의-협조민원-특이민원-반복민원을 가린다.

전화민원은 ARS 안내가, 온라인 서면민원은 AI 기반의 챗봇이 일차 접수를 담당한다. 그중에서도 등하교 시간이나 학사 일정, 방과후 신청 등 이미 학교 누리집에 탑재한 내용의 문의는 전화로 문의해도 온라인 민원으로 처리하여 안내한다. 단순문의가 아닌 민원은 나이스 온라인 서면상담의 절차를 구조화하여 진행한다. 이 민원의 1차 답변

책임은 지역교육청에 있다. 이 과정에서 교육부가 현장 교사들과 함께 개발한 AI 챗봇의 역할이 필요하다. AI 챗봇은 자주 묻는 질문에 일관성 있는 기준을 제시함으로써 부서마다 서로 다른 답변으로 생기는 학부모의 불편함을 해소하고 교육 민원 답변에 전문성을 확보할 수 있다.

이 과정에서 지역교육청이 답하기 어려운 민원이면 해당 학교장에게 전달한다. 학교장은 학교민원업무 담당자이자 책임자로서 답변을 작성한다. 필요한 경우 교사의 도움을 받을 수 있다. 발생하는 민원 중에서 반복민원과 특이민원에 해당하고 특히 교권침해의 소지가 있다고 판단하는 내용은 별도 매뉴얼에 따라 대응하며 따로 답변을 작성하지 않는다. 이 경우 AI 챗봇이 정해진 답변-해당 내용은 교권침해(모욕과 협박)의 소지가 있고 교육과정을 침해하며 불필요하게 반복하고 있어 답변하지 않습니다. 다시 한번 비슷한 민원을 제기할 경우 교육청 차원에서 대응할 수 있으니 유념하시기 바랍니다.-을 하게 되어 있다.

ARS 전화와 온라인 서면 과정에서 해소하지 못한 민원이 발생하면 민원 제기자는 민원대응-처리종합시스템을 통해 전화상담이나 방문상담을 신청할 수 있다. 전화상담 방문상담 민원의 처리와 책임 주체는 학교장이다. 학교장은 해당 사안 관련 교사에게 협조나 동석을 요구할 수 있다. 이때 교사는 교감, 교장 동석 없이 민원을 처리하는 것을 선택할 수 있다. 이 경우라도 학교가 접수한 모든 전화상담, 방문상담 등 민원의 처리와 책임 주체는 교장에게 있으므로 교장이 민원 답변을 완료 처리해야 한다. 방문상담을 위해 각 학교는 화면 녹화와 음성 녹음이 가능하고 응급 상황 발생 시 외부로 도움을 청할 수 있는 비상벨을 갖춘 공간을 갖추고 운영하고 있다.

모든 교육 문제의 해결, 그 시작은 검은 점들의 투쟁으로부터

교권침해 사례의 다수를 차지하는 평가 관련 민원은 결국 입시 문제를 해결하며 완전히 해결하였다. 교육과정 편성권, 평가권도 교사에게 온전히 주어져 이제는 교사가 자율적으로 교육과정과 모든 평가를 관리할 수 있다. 교사 비중이 대폭 늘어난 국가교육위원회는 정치로부터 완전하게 독립하여 지위와 역할, 예산을 보장받아 움직이고 있다. 현재는 수능자격고사화를 필두로 대학무상등록금을 위한 의견 수렴을 진행하고 있다. 대학 간 서열을 줄이기 위한 논의도 함께 이뤄지고 있다.

  이 모든 일은 검은 점으로 모인 교사들이 서이초 사건을 잊지 않고 목소리를 내고 행동하며 매년 공교육 멈춤을 함께했기에 가능했다. 교권보호로 시작한 요구는 빼앗긴 권리를 찾는 행동부터 교육행정과 제도, 사회문제까지 확장되었다. 교사들은 이제 공교육은 끝났다는 자조에 빠지지 않는다. 더 나은 교육을 만들기 위해 행동한다.

  교육개혁은 단순한 제도 변경이 아니라, 교사의 역할이 존중받고 실질적인 권한이 보장될 때 가능하다. 전국교사집회와 공교육 멈춤의 날을 통해 교사들은 집단적인 힘을 확인했고, 법안 분석과 대안 제시를 통해 교육정책에 대한 실질적인 영향력을 행사할 수 있음을 보여 주었다. 앞으로의 교육개혁은 교사들의 적극적인 참여와 정책적인 지원을 통해 이루어져야 한다.

징계 겁박과 수많은 논란이 있었지만 9월 4일 공교육 멈춤의 날 집회를 운영한 집행부, 지역에서 49재 추모 행사와 집회를 만들기 위해 애쓴 수많은 집행부 그리고 참가해 주신 선생님들의 용기는 역사가 되어 교직 사회에 오랜 기간 회자할 것이다. 교사의 교육권이 법적으로 보장되어 교권이 확보되고, 헌법에서도 보장한 파업권과 정치기본권이 교사에게도 보장되는 대한민국을 꿈꿔 본다. 교사들이 교육권과 노동권을 보장받는 환경을 마련하는 것은 공교육을 안정적으로 운영하는 필수 조건이다. 슬픔과 추모를 넘어 교사들의 정당한 권리를 찾는 제2, 제3의 공교육 멈춤의 날을 기대해 본다.

에필로그

기록을 마치며

이 책을 통해 교사 78만 명이 거리로 나설 수밖에 없었던 절박함 그리고 우리가 함께 흘린 눈물과 땀의 의미가 제대로 전해지길 바란다. 이 책은 단지 과거를 기록한 역사책이 아니다. 학교 현장의 동료 교사에게 전하는 연대의 메시지이자, 다시는 서이초 사건과 같은 비극이 반복되지 않도록 행동하겠다는 약속의 증표다.

이제 우리는 새로운 시작점에 섰다. 이 책에 담긴 기록이 우리의 나침반이 되어 줄 것이다. 아동학대 신고 남용으로부터 교사를 보호하고, 민원대응시스템을 개선하며, 교육 활동 보호를 위한 제도적 장치를 마련하는 일이 시급하다. 교사의 교육 활동을 보호하는 것은 교사만을 위한 것이 아니다. 그것은 우리 학생들의 학습권을 지키는 일이며, 건강한 교육공동체를 만드는 일이다. 정부와 국회, 교육 당국은 교권침해를 원천 차단할 수 있는 실질적인 대책을 마련해야 한다.

아픔을 넘어, 더 안전한 학교로
교권보호 법안이 통과되고 서이초 교사의 죽음이 순직으로 인정받았지만 달라진 것은 거의 없다. 여전히 학교는 악성 민원에 취약하며, 교사들은 과중한 업무에 시달린다. 서이초, 호원초, 관평초(용산초) 등 교사 순직 사건 수사에서도 책임자들은 무혐의 처분을 받았고, 무녀도초와 신목초 교사의 죽음은 아직 순직으로도 인정받지 못했다. 하지만 한 가지 달라진 것이 있다면, 우리는 함께 목소리를 낼 수 있게 되었다는 것이다. 이 길고 뜨거웠던 투쟁은 우리에게 혼자가 아니라는 것, 교사들이 함께 목소리 낼 때 변화를 만들 수 있다는 사실을 가르쳐 주었다.

이제 우리는 서이초를 넘어 더 안전한 학교로 나아가야 한다. 교사로서의 존엄이 회복되고 교육의 본질이 지켜지는 그날까지 우리 발걸음은 계속될 것이다. 순직한 동료를 기억하며 그들이 꿈꾸었던 교실, 교사와 학생이 함께 웃을 수 있는 교실을 반드시 만들어 낼 것이다. 그것이 우리가 함께 아파했던 2023년의 상처를 치유하는 유일한 길이기에.

교실에서 홀로 고군분투하다 세상을 떠난 모든 교사여, 부디 편히 쉬소서. 당신이 꿈꾸던 교실을 우리가 만들어 가겠습니다.

교사, 공교육을 멈춰 세우다

초판 1쇄 2025년 6월 25일

글쓴이 | 현경희 김다희 김민영 김유리 김재욱 김지희 백성동
       신다솔 안지혜 이기백 이소희 장은정 전승혁 최선정
펴낸곳 | 도서출판 단비
펴낸이 | 김준연
편 집 | 이혜숙
디자인 | 김선미
등 록 | 2003년 3월 24일(제2012-000149호)
주 소 | 경기도 고양시 일산서구 고양대로 724-17, 304동 2503호(일산동, 산들마을)
전 화 | 02-322-0268
팩 스 | 02-322-0271
전자우편 | rainwelcome@hanmail.net

ⓒ 전국교직원노동조합, 2025

ISBN 979-11-6350-143-5   03370

값 19,000원

*이 책의 내용 일부를 재사용하려면 반드시 저작권자와 도서출판 단비의 동의를 받아야 합니다.